頭足類身体原論

中井孝章

大阪公立大学共同出版会

目次

  はじめに 1

Ⅰ．頭足類画の深層………………………………………………………………3
  ——頭足類身体への前哨
 1．頭足類画とは何か………………………………………………………3
 2．なぜ頭足類画が描かれるのか…………………………………………5
 （1）鏡像段階の理路 5
 （2）鏡像段階の代償 7
 （3）頭足類画の正体 11

Ⅱ．頭足類身体の発達理論……………………………………………………14
 1．発達観の転回——ホモ・デメンスとしての頭足類身体……………14
 2．頭足類身体の発達理論——H.ワロン『児童における性格の起源』を中心に
  ………………………………………………………………………………17
 （1）混淆的社交性と絶対的他者の発見——自他未分化の状態での他者 18
 （2）嫉妬と同情——他性としての自己 20
 （3）表象と緊張活動（トーヌス） 25

Ⅲ．頭足類身体のロゴス………………………………………………………28
 1．頭足類身体の原論理……………………………………………………28
 2．私性の論理学……………………………………………………………31
 （1）日常私性 31
 （2）非日常私性 32
 （3）未日常私性 35
 （4）頭足類身体の「非」日常私性 36

Ⅳ．生きられる頭足類身体……………………………………………………39
  ——自他未分化状態の遊びと対象への没入
 1．最果タヒの頭足類身体…………………………………………………39

2．生きられる頭足類身体としての無我夢中 …………………………… 42
　（1）無我夢中の状態　42
　（2）頭足類身体とフロー体験　44
　　①生きられるフロー体験の分析　45
　　②身体意識の覚醒としてのフロー体験　49
　（3）生きられる頭足類身体としての遊び　50

Ⅴ．スキゾイドの頭足類身体 ……………………………………………… 53
　　──引き裂かれた自己
　1．スキゾイドの頭足類身体の世界 ……………………………………… 53
　（1）まなざしの相克とスキゾイド　53
　（2）スキゾイドの生の戦略　54
　（3）真の自己と純粋意識への逃亡──頭足類身体への退行　56
　2．統合失調症の頭足類身体と否定妄想 ………………………………… 59
　3．3歳未満の頭足類身体と統合失調症質の頭足類身体の関係 ……… 61
　　──プロタクシスとパラタクシス

結語 ………………………………………………………………………… 65

註釈　68

文献　71

　あとがき　74

はじめに

　問題の発端は，2〜3歳の幼児が描く頭足類画である。筆者の子どもも，2歳5ヶ月のときに，頭に毛が生えた頭足類画を描いた。そのことを機会に筆者はなぜ，この時期の幼児が胴体がなく，頭から手足が生えたような奇っ怪な絵を描くのかが気になり，その解明に取り組んだ。その結果，頭足類画の深層に辿りついた。

　しかしながら——述懐すれば迂闊なことに——，頭足類画については研究をしても，頭足類画を描く当の幼児の世界の見方や捉え方について解明することを失念してしまった。頭足類画は大変魅力的な「子どもの絵」であることに相違ない。ところが，肝心なのは，頭足類画を描く2〜3歳児の身体，いわゆる頭足類身体のほうではなかったか。そのことを教えてくれたのは，筆者が学生の頃に出版され，最近，古書で入手した東久部良信政『頭足類の人間学』（葦書房，1978年）である。同書では，埴谷雄高の「自同律の不快」をはじめ，頭足類身体に特有の世界が文学や哲学など幅広いジャンルに跨がって展開されている。しかもそれは，頭足類身体に関する縦横無尽の知識に留まらず，著名な哲学者や思想家に通底するような，特有の論理が提示されている。後述するように，頭足類身体の論理は，私性の論理学もしくは原論理と呼ばれるが，数学や論理学よろしく，明解な論理式として表されているのである。

　本書は，同書を海図としながら，これまでの筆者の「頭足類画」研究を「頭足類身体」研究へと180度転換して，生きられる頭足類身体の論理を解明したものである。裏を返せば，頭足類画を描く頭足類身体は，人間の発達画期の中でも極めて特殊な認知や感情のモードを有している。つまり，頭足類画が不十分な人物表現だということを逆算すると，生きられる頭足類身体は，かなり特殊な認知や感情のモードによって駆動しているのではないかと推測することができる。

　本書の構成について簡潔に述べる。
　まず，I章では，筆者が以前まとめた頭足類画の深層を論述する。その深層を明らかにする手がかりとして鏡像段階を取り上げ，その理路を解明する。

Ⅱ章では，すでに鏡像段階を習得した3歳未満の頭足類身体の発達過程をH.ワロンの発達理論（『児童における性格の起源』）を通して論述する。

Ⅲ章では，論理学の立場から頭足類身体の原論理を取り上げ，これがアリストテレス以来の西欧の形式論理の基底にあることを詳述する。

Ⅳ章では，生きられる頭足類身体として私たちの誰もが体験する（実際は，すでに体験している），無我夢中の状態（「我を忘れる」こと），遊び，同調した対象と同じ状態になるために集中する，「になる」実践を取り上げ，私たちが頭足類身体を生きられていることのメカニズムを解明する。

Ⅴ章では，3歳未満の生きられる頭足類身体が3歳以降（青少年や成人）に回帰する精神疾患としてスキゾイド[1]を取り上げ，スキゾイドがなぜ，頭足類的な身体像（自己像）を持つのかについて詳述する。つまり，この章では頭足類身体の精神病理学を論述する。

あらかじめ述べると，私たちは，子どもを「小さな大人」だと大人の相似形で捉え，そのことを疑わないが，3歳未満の幼児は生きられる頭足類身体であり，その渦中で体験したことは，他の動物には見られない，あまりにも人間的なものばかりである。その人間特有の体験の本質と構造に焦点化しつつ，生きられる頭足類身体の冒険に出かけることにしたい。

I.
頭足類画の深層
―― 頭足類身体への前哨

1. 頭足類画とは何か

　一般的に，2〜3歳の頃の幼児は，円状の線描で描かれた頭に直接，手や足を付ける表現様式によって人物を描く。正確に言うと，この発達画期の幼児は，円状の形体（円形）である頭に眼，口，鼻を描き，「円形＝頭」の外に手や足の線を描く。こうした描画は胴体がなく手足が頭部領域から出ていて，タコやイカといった頭足類，またはおたまじゃくしの形態と類似していることから，それは「頭足類画（tadpole）」，または「頭足人画」，「頭足人間」，「おたまじゃくし画」と呼ばれている。しかもこの頭足類画は，R.ケロッグが述べるように［Kellogg, 1969=1971］，世界中の民族に共通して，個体の幼少期に等しく見出されるものである。ところが，3歳以降になると，頭足類画はほとんど見られなくなり，より完全な人物表現へと近付くことになる。

　ところで，頭足類画を理解するために，児童画研究の第一人者であるW.グレツィンゲルに沿って［Grözinger, 1961=2000］，頭足類画が描かれる直前の，2歳の頃を過ぎてから開始されるなぐり描き（スクリブル）へ遡及すると，なぐり描きはまず，幼児の手が有する「〈回転的〉空間感情」が紙一面に描く円環や渦巻の形体となって現れる。そして，こうした円形に上下の垂直運動，左右の水平運動が加わり，その結果，十字型の形体が生まれ，幼児はそのフォルムを発見する。続いて，ジグザグ線が垂直と水平に伏せた状態で移動する。

　このように，なぐり描きには，幼児の3つの基本体験が内包されている。つまりそれは，「子どもが小さな星のように自分でくるくる回り，浮かびただよったこと――回転的空間感情。子どもが垂直と水平の方向，したがって起立と言うことを十分味得する直立―根源的十字。重力を克服するところの進行――ジグザグ」［同前：32=33］である。しかも，「これら根源的現象に，まもなく箱形も加わってくる」［同前：33］と言う。

重要なことは，回転的空間感情，根源的十字，ジグザグといったこれら３つの根源的現象に箱形を加えると，４つの基本体験が，なぐり描きの後に登場する，人物表現としての頭足類画の中に反映されているということである。つまり幼児は，空間に浮かび漂う回転的空間感情を表す球体を自らの身体感覚・意識としている。それは，「幼児の全体は感受性を持った閉じた一つの球」であり，この「閉じた一つの球」（内部）は手や足で外とつながっている。つまり，回転的空間感情は「頭＝円形」に，根源的十字は地面に水平と垂直に直立した手や足に，各々対応しているのである。

　誤解を恐れずに言えば，頭足類画を描く頃の幼児は，自らの身体（肉体）を回転的空間感情としての球体として内受容的に感じていると考えられる。この場合，手や足はこの球体に付け加えられたものにすぎず，幼児は円形の頭部と比べて，手や足を自らの身体だと感じとっていないと考えられる。繰り返し強調すると，頭足類画の時期の幼児は，自らの身体そのものを球体（「円形＝頭部」）として了解している。

　ではどうして，２～３歳の頃の幼児は，頭部から手足が出ているような奇っ怪な人物表現を行うのであろうか。この点については従来，発達心理学の知見に依拠した児童画研究の立場からさまざまな学説が提示されてきた。その一部を紹介すると，たとえば，人物についての心的表象が未分化・不完全であるため，頭と胴体が未分化でひとまとまりに描かれるとする心的表象説をはじめ，運動技能未成熟説，総合能力欠如説，先天的記憶説，描画構成の立案能力未発達説，情報処理能力（記憶・検索）の限界説，最近では，命名するとすれば，四つ足動物の正面像説［皆本二三江，2017：58-63］のようにユニークな学説まである。

　一方，こうした発達心理学的知見に対し，鬼丸吉弘や安斎千鶴子をはじめとする，現象学的方法に基づく新しい児童画研究では，頭足類画は，「円」と「直線」といった手持ちの材料（語彙）を使った幼児の器用仕事（ブリコラージュ）もしくは原初的思考（パンセ・ソヴァージュ）の所産であると捉えられている［鬼丸吉弘，1981／安斎千鶴子，1986］。具体的に言うと，それは，ひとの全体を示す「丸」と，未知の世界へと向かう放散する「直線」が組み合わされたものと解釈される。つまり，子どもが眼で見た形体を，触覚から生み出してきた太陽型に調整していく過渡的な姿や人のイメージに，太陽型を同化させたものだと捉えるのである。

筆者は，こうした発達心理学の知見に基づく心的表象説等々および現象学的な児童画研究の学説を尊重しながらも，独自の見解を提示してきた［中井，2004］。それは，鏡像段階に基づく自己形成説と言うべきものである。学説の名称はさておき，次に，筆者の頭足類画についての考えを開陳していくことにする（ただし，やや長い迂回を要する）。

2．なぜ頭足類画が描かれるのか

（1）鏡像段階の理路

なぜ，2～3歳の幼児は頭足類画を描くのか——その手がかりは，幼児が2～3歳までに習得する精神発達，すなわち自己形成の過程を解明することにある。中でも，生後6～18ヶ月の幼児が体験・習得する「鏡像段階（stage of mirror）」は，自己形成にとって最重要な発達上の課題である。

ところで，人間の精神発達にとって鏡像段階が最重要である理由は，A. ポルトマンの生理早産説が示すように，幼児の脳（脳神経）が未熟なまま産まれてくることにある。簡潔に述べると，人間は直立歩行によって骨盤が狭くなったため，脳が十全に発達した後では，産道を通ることができなくなった。したがって，幼児（人間）の脳は未熟な状態のまま，生まれてしまうことになる（脳の未熟な状態での出産は，立ち上がることや歩くことをはじめ身体能力の未熟な状態での出産と比べてもより深刻な事態だと言える）。

脳が未熟なまま生まれてくることは，乳児が自らの身体を統一できないことを意味する。こうした不快極まりない身体の不統一を解決してくれるものこそ，鏡像段階なのである。それは，H. ワロン［Wallon, 1949=1970：190-208］によって発見され，M. メルロ＝ポンティ［Merleau-Ponty, 1962=1966］やJ. ラカン［Lacan, 1966=1972］らによって進展された。

ラカンによると，人間（幼児）にとって自己形成上の重要な契機である鏡像段階は，次のように定義される。

「鏡像段階は，その内的進行が不十分さから先取りへと急転する1つのドラマなのであるが——このドラマは空間的同一化の罠にとらえられた主体にとってはさまざまの幻像を道具立てに使い，これら幻像はばらばらに寸断された身体像（corps morcelé）から整形外科的とでも呼びたいその全体性の形態へとつぎつ

ぎに現われ，——そしてついには自己疎外する同一性という鎧をつけるにいたり，これは精神発達の全体に硬直した構造を押しつけることになる。このように内界から環界へという円環の破壊は自我の内容点検というきりのない計算問題を生じさせる。」[同前：129]。

　ラカンの定義によると，鏡像段階とは，幼児が鏡に映った自分の視覚像（可視的身体）を見るという具体的な経験を通して，将来，「私」となるものの雛型を先取りし，形成する象徴的母体（symbol of matrix）のことだと集約することができる。とはいえ，ラカンの定義は，極めて難解であることから，次に，この定義の内容を順次，分析していくことにする。

　ところで，鏡像段階の過程は，図1-1 [熊倉徹雄，1983：36] に示されるように，次の3つの段階に分けられる [同前：33]。

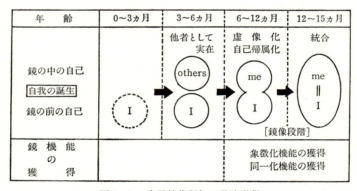

図1-1　自己鏡像認知の発達過程

　第1段階（3～6ヶ月）では，幼児は鏡に映る像を実在的なものとして，あるいは少なくとも他者の像として反応する。幼児はこの像に現実の像として反応し，鏡の後ろに隠れている他人をつかもうとする。

　第2段階（6～12ヶ月）では，幼児はこの像に現実の像として反応しなくなる。

　第3段階（12～15ヶ月）では，幼児はこの他者の像（鏡像）を自分自身の像として認めるようになる。あるいは，この他者を自分自身と同一化するプロセスが始まる。

　ところで，幼児によって鏡像段階という発達課題（自己鏡像認知）が達成され始めるのは，6～12ヶ月の時期（第2段階）に当たる。つまり，いままで実在そ

のもの，または自分の分身そのものとしての「others」である「鏡の中の自己」が「me」へと変貌するのであり，そのことは，この時期，幼児の鏡像認知のあり方が飛躍的な進歩を遂げたことを示唆している。

（2）鏡像段階の代償

重要なことは，この第2段階で「鏡の前の自己」＝「I」が，「鏡の中の自己」＝「me」を自己鏡像として認知し，「I＝me」と同一視できる（統合できる）ポイントが，「I」を「もう一人の私＝自分自身の観客」，すなわち「他者」へと置き換えることができたときだということである。その意味で，私とは，他者にほかならない。つまり，「鏡の前の自己」である「いま，ここ，私」が「いま，そこ，他者」へと媒介されることで，私の視点が他者の視点と重ね合わされることによって，「鏡の中の自己」（me）は「もう一人の私（媒介された自己）」から見られた鏡像と同一視されることになるのである。

こうしたパラドックスを解明する手がかりとなるのは，前述した鏡像段階に関するラカンの定義である。前述したその定義が難しいのは，実は，この矛盾した，「I」と「me」の関係そのものに基因している。その定義を簡略化すると，鏡像段階とは，鏡像段階の内的進行が「不十分さから先取りへと急転する1つのドラマ」なのであり，幼児は自らの視野に入る手足（身体）の一部や内面に渦巻く衝動や欲求といった「ばらばらに寸断された身体像」に「整形外科的とでも呼びたい」仕方によって，1個の全体としてのまとまりを与えられるのである。裏を返せば，そのことは「自己疎外する同一性という鎧をつけるにいたる」ことであり，そしてこうした「内界から環界へという円環の破壊は自我の内容点検というきりのない計算問題を生じさせる」ことになる。

この定義を理解する上で，H.ラングの次の言明は有力な手がかりとなる。ラングは，次のように問いかける。すなわち，「なぜ，幼児は鏡像の前でこれほど著しい喜びを示すのだろうか。むしろ自分自身を知るということからは，喜びとは逆の結果が予想されはしないだろうか」[Lang，1973＝1983：38]，と。そしてラングは，鏡のゲシュタルト（＝鏡像）が真の自分の姿を隠す仮面なのではないかと述べている。つまり，彼に言わせれば，鏡像を前にしての，幼児のこの我を忘れた有頂天は，「真実すなわち真の『わたし』を覆い隠すことのできる，想像的統一性を備えたイメージが獲得されたために起きるのではないか」[同前：38]

ということになる。つまり幼児は，鏡に映るゲシュタルト（全体的な形姿）に自己を重ね合わせ，それと同一視することによって，外受容的側面での統合性を先取りし，そのことをもって自己受容的側面での混乱や無秩序状態，すなわちラカンの言う「ばらばらに寸断された身体像」を解消する方向に自己を確立していこうとするのである。

　ラングの学説に即してラカンの定義を咀嚼すると，幼児（人間）は「ばらばらに寸断された身体像」という「不十分さ」（根源的不調和）に直面することで，「整形外科的とでも呼びたい（呼べる）」，「自我という統一体の幻想」——本質的には「理想—自我（je-idéal）」——をもって仮構することになる。そして，（鏡像体験を通して形成される）この「自我という統一体」は，自己自身を隠す仮面（「鏡像＝虚像」）として，根源的苦悩と不調和そのものである自己自身（「本物の自己」）——決して対象化されない非対象的なものであり，ただ直接的に生きられるだけの自己——とすり替えて，安定化を図るのである。ここで「安定化を図る」というのは，ラカンの言う「自己疎外する同一性という鎧をつけるに至る」ということを意味する。そのことはまさに，「鏡像＝虚像（準実像）」を自己そのものと取り違える自己欺瞞の発生段階であるとともに，自己そのものの逃亡過程でもある。つまり，鏡像段階とは，未だ成立していない「私＝自己」を他者（外部）としての鏡の中に一挙に先取りしてしまう「転倒＝倒錯（フェティシズム）」にほかならない。「私＝自己」は何の根拠もなく，しかも強引なやり方で鏡に映った姿を自己自身の像と同定（認定）してしまうのだ。「内界から環界へという円環の破壊」となる鏡像段階は，転倒という原理上のパラドックスを含むという意味で，「自我の内容点検というきりのない計算問題を生じさせる」ことになるのである。

　こうして，幼児の「私＝I」とは，とりあえず，「私」の内受容的側面，すなわちあるがままの「私」もしくは形のない「私」と言うことができる。あるがままの「私」とは，脳神経が未熟・未発達なまま産まれてきたことにより，自らの身体を統一できない混沌とした，形のないものである。「私」に形がないことは，人間にとって宿命的なことであり，生涯，解決し得ない問題なのである。

　では，「ばらばらに寸断された身体像」しか持ち合わせていない「私＝I」は，この難局をどのように乗り越えることができるのか。こうした危機的状況を打開してくれる契機こそ，これまで述べてきた鏡像段階なのである。

ではあらためて,「私」の難局を乗り越える契機である鏡像段階とは何か。

鏡像段階とは, 幼児（人間）が鏡像（虚像）に自己を重ね, それと同一視することで外受容的側面での統合性を先取りし, もって内受容的側面での混乱や不安定性を解消する方向で自己を確立する発達課題なのである。

このように述べると, 幼児は鏡像段階によって自らの精神発達の危機を無事逃れることができるように見えるが, 実際はそうではない。形のない「I」が形のある「me」へと逃亡すること, すなわち鏡像段階を完了することによって失う代償が存在する。その代償とは, 鏡に映った身体が自己だけでなく, 自己以外の他者によって所有されてしまうことである。つまり, 鏡像段階を通してなされた自己の確立の仕方が, 他者からも見られることにより, 鏡に幻惑され, 他者のまなざしに晒されるといったのっぴきならない負荷をともなわざるを得ないのである。

重要なことなので再三繰り返し強調すると, 人間は「形なきもの」としての「私＝自己」が「形あるもの」としての「鏡像＝自己像」へと置き換えられざるを得ないという宿命を持つ。人間にとって自己というものが,「形あるもの」としては鏡の中（という外部）にしか存在し得ないからこそ, 自己を認知するためには鏡を覗かなければならない。ところが, 自己そのものが, その成立の端緒からして「形あるもの」としては鏡（の中）という外部にしか見出されない以上, 私たち人間にとって自己は他者たちと同列にしか存在し得ないことになる。

このようにして手に入れた「私」であるが, つまるところ,「私」は他者なしに存在し得ない。正確には,「私」は他者を媒介にして「私」を手に入れたがゆえに, 当然のことながら, 生涯, 他者および他者イメージの複合体（たとえば, 世間やマスコミ）に自己存在を脅かされることになる。社会, ひいては他者を出自とする,「痩せたい」,「賢くなりたい」等々といったイメージおよびイメージ操作は, 他者を通して自己を確立せざるを得ない私たちヒトの宿痾なのである。

ここまでラカンに沿って鏡像段階を捉えてきたが, 実は, ラカンとワロンでは鏡像段階の捉え方はかなり異なる［Wallon, 1949=1970：190-208］。というのも, ワロンはラカンの理論研究とは異なり, 幼児の鏡像体験を仔細に観察しているからである[2]。ワロンの鏡像段階およびワロン研究者である玉田勝郎によると, 鏡像段階は, 6ヶ月以降から2歳過ぎまで続くという（ラカンを含め, 一般的には, 生後6ヶ月から18ヶ月までとされている）。より重要なことは, 鏡像段階が始ま

る6ヶ月以降にまず，幼児は鏡に映った他者の身体像に興味や反応を示すのに対し，自分の鏡像への興味や反応が2ヶ月遅れることと，鏡像段階の完了・習得を示す「他者の鏡像＝自己の身体像」という認識をクリアするために，自己の二重化を習得しなければならないことである。つまり幼児にとって他者の鏡像を認知することは，それほど難しい課題ではない。というのも，幼児の視点から他者の「鏡像＝身体像」は，視覚的かつ現実的に対面できるからである。それに対し，自己の「鏡像＝身体像」を認知するためには，見ている自己と見られている自己を2つに分裂させなければならないのだ。つまり，玉田が述べるように，「幼児は，いまここに自分を自己感覚的・触覚的に感じている実際的・レアールな空間だけでなく，〈像〉の理念的・イレアールな空間におのれを定立しうること——すなわち自己の二重化——を学びとらねばらない。ここで言う自己の二重化＝理念的空間の了解とは，他人（第三者）のまなざしによって自己をながめるということにほかならない。」[玉田勝郎，1989：97]。

　実際，ワロンは幼児が自己の鏡像に対する興味や反応の変遷を5段階に区分しているが，その変遷過程は，ラカンやそれを一般化した鏡像段階の過程よりもはるかに複雑かつ長い迂回を要するのである（前掲した図1-1のようにスムースには進展しない）。とはいえ，鏡像段階の最終段階において他者の鏡像の中に自己の身体像を見出すという結末は同じである。根本的に異なるのは，ラカンが他者の鏡像へと自己逃亡を図ることに重点を置く，したがって代償をともなうものと捉えるのに対し，ワロンは他者の鏡像を自己の身体像と認知するためには，他者（第三者）からの視点，もしくは自己の二重化といった発達に重点を置く，したがって自己の向上をともなうものと捉える（要は，鏡像段階をネガティブに捉えるか，それとも，ポジティブに捉えるかの違いである）。筆者は，鏡像段階には大きな代償をともなうと考えている。その根拠は，絶対的他者を発見したり，自己の身体像を見出すために，3年もの長い年月を必要とすることと，他者の身体像を自己だと嘯くため，将来的に自己が他者によって影響されること，にある。

　とはいえ，ただ救いであるのは——まったく不思議なことであるが——，私たちの大半は，鏡に幻惑され，他者のまなざしに晒されながらも，他者の身体像を持って「私は私である」と嘯き，一生を何とかやり過ごすことができることである。こうした自己欺瞞に満ちた自己の確立，すなわち私が私であることの偽の存在証明は，人間の存在論的宿命，もしくは生の戦略と呼ぶしかない。

さらに、厄介なのは、幼児が鏡像段階、ひいては他者の身体を通して手に入れた身体像が、自己以外の他者や社会（他者の集合体）によって所有されることに加えて——この問題は前述したように、生の戦略によって解決可能に見えるが——、それが可視的身体であることからわかるように、目で見た、そして捉えた（捕捉した）虚像にすぎないということである。つまり、鏡像段階を通して確立した自己は、視覚的なものに極力、限定されるのである。もっと言えば、この場合の自己は、「ばらばらに寸断された身体像」を視覚的に統合するものにすぎないのだ。裏を返せば、この場合の自己は、本質的な意味において自らの身体（肉体）全体を所有していない。

ただ急いで付け加えると、視覚的なレベルでの身体像の統合に限定されるとはいえ、生後6ヶ月から18ヶ月といった初期発達における精神上の危機、ひいては自己存在の危機を回避するという意味では、鏡像段階の意義は計り知れない（ここで述べた視覚的レベルでの身体像の統合については、後述する頭足類身体との関係で重要になってくることから再度取り上げる）。

（3）頭足類画の正体

以上のように、鏡像段階の理路を中心に、幼児の精神発達、すなわち自己形成の過程を見てきた。それを手がかりに、なぜ、幼児が頭足類画を描くのかについて一定の結論を述べることができる（できる限り重複を避けて論述する）。

あらかじめ述べると、頭足類画は、鏡像段階の前後に見られた幼児の2つの自己の様態、すなわち「I=I」と「I=me」を一つの描画（自画像）として結実させたものだと考えられる。

まず、鏡像段階を十全に成し遂げるまでの幼児の自己は、「I=I」と示すことができるが、それは鏡の前の「ここ」で自己自身を内感するだけの内受容的身体（自己受容的身体）にすぎず、未だ鏡の中の「そこ」に実在する外受容的身体は存在していなかった。つまり、この発達画期の「I」とは、IとしてのIと言うしかないものである。言語学的には、一人称としての「私」さえ未だ成立していない。敢えて表現するならば、「I」は、内受容的に内側から直接生きられるものだと言える。発達初期の幼児は、対象像にならない外部性として、あるいは対象像へ距離をとれない渦中性として、直接生きられている次元（内在の超越）にある。このリアルに稼働する自己存在は、未だ自己像ではなく、認識主観からすると、

からっぽ（∅）である。

　すでに述べたように，この場合の「I＝I」とは，幼児から見ると，未だ何者でもなく，形のない≪nobody≫としての自己そのものを保持し迎接していることになる。ここで，自己が≪nobody≫としての自己存在を保持し迎接する様態こそ，一般に「幼年性」，または「童心」[Rilke, 1904-1910＝1973]と言われるものである。「あるがままの自分」が存在するとすれば，この「I＝I」をおいて他にはないであろう。ラカンが象徴界（言語世界）への参入と同時に見出した現実界もまた，すでに失われたこの純粋な自己に近い。

　これに対し，鏡像段階の後で形成された自己は，言うまでもなく，「I＝me」であり，視覚的レベルという限定付きでありながらも，形のない自己が形のある他者の身体像へと自己逃亡を図ることで可視的身体を獲得したものであった。この場合の「me」が「形あるもの」として「見られる身体（自己）」であり，他者からのまなざしに晒されざるを得ない「もう一人の私」であるにせよ，そして，他者から見られることで疎外を被るにせよ，「ばらばらに寸断された身体像」を統合することによって安定を図るものであった。

　以上のことから，2〜3歳の幼児が描く自画像としての頭足類画とは，≪nobody≫＆≪nothing≫——「無人」および「空（無）」——から，≪some-body≫＆≪something≫——「有人」および「モノ（有）」——への実存様式の変態，すなわち劇的な体質変化のあいだで生み出された所産であることがわかる。つまりそれは，≪no-body＝nobody≫としての自己存在を保持する自己迎接と，鏡の中の自己（可視的身体）を≪some-body＝somebody≫として自己そのものと取り違える自己欺瞞とのあいだで揺れ動く精神の妥協の所産だということになる。平たく言うと，幼児の中では，「形なきもの」を「形なきもの（no-body）」として，なおかつ，「形なきもの」としての自己を「何者でもないもの（nobody）」として保持していこうとする自己迎接と，発達の途上で「形なきもの（no-body）」を何とかして「形あるもの（some-body）」として，なおかつ，「形あるもの」としての自己を「何者か（somebody）」として，すなわち人物画らしき描写（人物像）として描いていこうとする自己欺瞞との激しい闘ぎ合いがなされていると考えられる。以上述べたことを論理的に示すと，次の図1-2のようになる（なお，tadpoleの図版についてのみ，R.ケロッグから引用した）。

Ⅰ. 頭足類画の深層　13

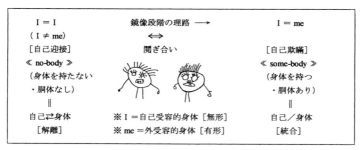

図1-2　幼児の自画像としての頭足類画

　図1-2が示すように，3歳までの幼児が描く頭足類画とは，鏡像段階における自己形成の理路に反して，自己そのものを未だ，イマーゴ，すなわち虚像の自己へと完全に回収し尽くすことのできない状態で描かれた自画像ではないかと考えられる。言い換えると，鏡像段階とは，ラングが考察するように，可視的身体としての鏡像（虚像＝me）を根源的な苦悩と不調和にほかならぬ自己自身（＝I）へと平然とすり替え，安定化を図る自己逃亡のための装置なのである。

　こうして，頭足類画は，≪no-body≫（「胴体なし」）という身体像および≪no-body≫（「誰でもない者」）という自己像を領有する3歳児の自画像であり，それは，この発達画期特有の実存様式が発現したものと捉えられる。ところが，こうしたユニークな頭足類画は，幼児が鏡像段階という発達課題を成し遂げるにつれて，ありきたりの人物画に変容していく。それでは，頭足類画から人物画への変容は，一体何を意味するのであろうか。考えられることは，このあいだに幼児の中で「身体像＝自己像」が劇的に変化したのではないかということである。ここで「劇的に変化した」というのは，前述した発達心理学の知見が示す部分的な変化ではなく，そうした変化を含めつつも，トータルに見て幼児の実存様式そのものが一変したということを意味する。昆虫の変態（メタモルフォーズ）で譬えると，卵から幼虫，幼虫から蛹，蛹から成虫になるときにその都度起こる劇的な体質変化であり，古い体質を解体して新たな体質を形成していくような，自分で自分を作り変える自己組織的な営みとしての変化のことである。言い換えると，一般的に記述される発達心理学的な知見は，こうした体質変化の一つの断片にすぎないと考えられる。

II.
頭足類身体の発達理論

　I章では，2～3歳の幼児がなぜ，自画像（人物表現）として頭足類画を描くのかその理由を鏡像段階を通して解明してきた。しかしながら実のところ——矛盾しているが——，幼児がなぜ，頭足類画を描くのかという理由は，これから論述することと比べると，それほど重要な事柄ではないことがわかる。むしろ重要なのは，閉じた球体としての「円形＝頭部」に，「頭部＝内部」と外をつなぐ「手と足」を加算したような，奇っ怪な自画像を描く（この画期の）幼児その人がどのような他者了解もしくは世界了解をしているかのほうである。つまり，頭足類画を描く頭足類身体を有する幼児（3歳未満の人間）は，どのように他者／世界を了解しているのかという問いである（ここで「他者／世界」と表記するのは，後述するように，人間にとって世界の了解以前に，他者をどのように了解するかが優先されることを強調するためである。人間は他者を通して世界［モノ］を了解するのだ）。

　どうして，頭足類身体を生きられる幼児がどのような他者／世界了解をしているのかが最重要な問いなのかと言うと，それは，身体を所有していない，もしくは十全な身体を持たないことによって外界や内界は，零れ落ち，流出していき，日常の時空は根底から変容するからである。

　結論から述べると，頭足類画を描く3歳未満の幼児は，3歳以後の人間（幼児から成人を経て高齢者に至るまでのすべての人間）とは異なり，他の動物にはまったく見られない，あまりにも人間らしい，人間特有の他者／世界了解のモードを持っている。次に，「3歳未満／3歳以降」という発達の境界について，詳述することにする。

1．発達観の転回——ホモ・デメンスとしての頭足類身体

　頭足類画を描く頭足類身体としての幼児は，どのように他者／世界を了解して

いるのか。この問いは、未だ身体（肉体）を十全に所有していない状態にある人間が、どのように他者／世界を捉えているかということである。

ところで、頭足類身体、すなわち身体を十全に所有していない人間と、頭足類身体を脱した身体、すなわち身体を十全に所有している人間を分かつ発達画期の分水嶺は、描画発達の知見からすると、当然のことながら、3歳、すなわち3歳未満／3歳以降にあることになる。繰り返し強調すると、頭足類身体を取り上げる本書は、3歳未満（主に2～3歳）の幼児が頭足類画を描くことを根拠に、身体を未だ十全に所有していないと捉えるとともに、3歳以降の幼児が胴体をはじめ、正確な人物表現を描くことを根拠に、身体を十全に所有していると捉える頭足類画こそ、人間発達の状態を示す目安となるのだ。

ところで、頭足類身体についての理論（本書では「頭足類身体論」と呼ぶ）を展開するに当たって、従来の人間発達についての考え方を根本的に変えることが不可欠である。一般の発達理論では、人間は未熟な存在として生まれ、生まれてから3歳くらいは養育者（母親）のケアを要すると捉えられている（ここで述べていることは、社会通念にすぎず、「3歳児神話」を問題にしているわけではない）。つまり、人間の子ども（乳児）は、動物としてのヒトとしてまったく未熟な存在として生まれてくるというのが、一般の発達理論の前提である。

これに対し、頭足類身体論では、人間はまず何よりも人間として生まれるのであり、したがって、3歳未満の幼児は、未熟な動物（ヒト）ではなく、実に人間らしい人間であると捉える。かつて人間学もしくはポスト構造主義は、人間を環境から逸脱した過剰な存在だと捉え、「ホモ・デメンス（錯乱したヒト）」だと規定してきたが［Gehlen, 1956=1970］、頭足類身体論では、3歳未満の幼児こそ「ホモ・デメンス」だと規定する。裏を返せば、頭足類画を描く3歳未満の幼児こそ、動物とはまったく異なり、あまりにも人間的であることから、ホモ・デメンスだと規定するに値するのである。

まずは、こうした発達の根本的な転回が要請される。むしろ、正確な人物画や人物表現を行う3歳以降の人間は、「三つ子の魂百まで」といわれるように、動物としての人間（ヒト）を形成・確立していくのである。ここで言う「三つ子の魂百まで」とは、後述するように、自他未分化の状態の情動に駆動されていた状態を脱し、感情（自己感情）を通して個体としての性格・人格を形成すること、こうして一旦形成した性格・人格を生涯にわたって持続することを意味する。も

っと言えば、自己感情を通して個体としての性格・人格が形成されることは、個体としての自らの生存を守るために、外界から近付いてくる「他者」を、W.B.キャノンの言う有名な「闘争・逃走反応（fight-or-flight response）」によって敵か味方か、そして何よりも、闘うか逃げるかを（古い脳［＝行動経済学のいう「システム1」］によって）瞬時に判断できることなのである。3歳以降の人間は、一人の動物（ヒト）として自己の利益を守ることができるようになるのだ。その半面、3歳以降の人間は日々、恐らく生涯にわたって同じ体験を繰り返すようになる。それは、ニーチェの言う永劫回帰の世界への参入にほかならない。とはいえ、3歳以降の人間は、3歳未満の頭足類身体のときに体験したことや習得したことを糧に、またはベースに、その人なりの能力や資質を発揮するのではないかと考えられる。

　これに対し、ニホンザルの子どもを育て上げた記録によると、サルは生後17日目になったとき、「すねる」という所作が見られたという。つまり、ここで「すねる」という所作とは、サルの育児者がサルに近づく、反対に、遠ざかるという対猿距離の変化によってサルが各々、表情を変えたというものである。この所作は、人間の生後3年目に出現する幼児の反抗現象に相当する。したがって、赤ちゃんのときから育てていたサルが反抗現象を顕著に示したことから、サルが動物になるのに必要な時間（日にち）は、生後17日間であることが判明したのである［東久部良信政、1978：120／川辺寿美子、1964］。

　このように、サルが生後20日も経たないうちに動物として成熟し始めるのに対し、人間は動物（ヒト）として成熟し始めるようになるまで、実に3年間もの年月を要するわけである。サルの17日間は、人間の3年間に匹敵するのだ。ということは、サルがこの短期間のうちに、他者および自己の鏡像認知の習得や、頭足類身体の体験を行うことを意味する。

　サルの育児の観察だけでなく、かつてサルを人間化した動物実験があった。つまり、「人間以外の動物が、頭足類身体化され、分裂症化されることによって、その動物は人間存在になりえると言うことが可能」［東久部良信政、1978：115］だと言うことで、ニホンザルを分裂症に近づける実験がなされたのである［台弘・町山幸輝、1973：57-84］。いわゆる統合失調症のモデルおよびそれに基づく実験である（当時は、精神分裂症のモデルと名付けられた）。その結果、薬物注射などにより統合失調症にされたニホンザルは、「自分の体の一定部位（腿、腹、

ペニスなど）を執拗に，さぐるようにいじる」といった「体いじり」［同前：63］
や，「対象の必ずしもさだかでない方向に視線を向けているもので，自分の体の
一部，床上の何か，空中の何かをみつめ（空のぞき），さぐり，うかがう態度を
示し，さらに奇妙なことには，仲間のサルを『見知らぬものでもあるかのよう
に』近接してまじまじみつめる」といった「のぞき」［同前］を行うのである。
総じて，人工的に統合失調症とされたニホンザルは，対猿関係上の障害を起こし
た。この点について東久部良は，ニホンザルは「動物としての自己感情を失うこ
とによってより個別の自己の境界は喪失する。そして逆に他者や環界は拡大され
た自己の中へ取り込むことができる」［東久部良信政，1978：118］と述べて，統
合失調症化されたニホンザルの自己感情の希薄性と自己未成立は，3歳未満の頭
足類身体，すなわち動物存在以前の段階を体験していると見なしている。という
のも，3歳未満の頭足類身体を再度生きられるのが統合失調症者であり，この場
合のニホンザルは自己感情の喪失によって動物以前の頭足類身体へと回帰してい
るからである。繰り返し強調すると，ニホンザルの統合失調症モデルからわかる
ように，3歳未満の幼児は動物以前のあまりにも人間らしい段階にあり，その段
階へと回帰し，再体験する者こそ統合失調症の人たちなのである。

　ところで，本書は，ワロンらの秀逸な発達理論（発達のグランドセオリー）に
学びながらも，それをまとめることを目的としていない。ただ，頭足類身体とそ
の後の発達を明確に分かつ能力として「感情」と「表象」を取り上げることにし
たい。

2．頭足類身体の発達理論
　　──H. ワロン『児童における性格の起源』を中心に

　筆者が知る限り，ワロンが執筆した『児童における性格の起源』は，3歳未満
の幼児の発達過程を活写した労作であり，最も優れた発達心理学の研究書である。
同書は，3歳未満／3歳以降を人間の発達上の大分水嶺と考えていることから，
3歳未満の頭足類身体の発達過程を精緻にかつヴィヴィッドに記述したものと読
み取ることが可能である。

　ワロンは同書の中で3歳未満の子ども（幼児）の発達画期を身体意識の分化に
沿って，「第1段階：誕生から3ヶ月まで／第2段階：3ヶ月から6ヶ月／第3

段階：6ヶ月から12ヶ月を経て3年まで」[Wallon, 1949=1970] と3つに区分している。ここで発達画期の区分の基準となる身体意識の分化とは、幼児が自らの手足を自己自身の一部分だと認識して、すなわち外部環境とは分離された自己所有物だと認知して、その手足によって世界とかかわっていくことを意味するが、想像するに、発達初期の子どもの場合、自らの手足でさえ、自分の所有物であるどころか他者と見なしている。

本書は、頭足類身体の特性を射程とすることから、ワロンの発達画期の区分のうち、「第3段階：6ヶ月から12ヶ月を経て3年まで」に焦点化していくことにする。

（1）混淆的社交性と絶対的他者の発見——自他未分化の状態での他者

結論から述べると、ワロンは、「自分を他人からはっきりと区別して認めかつ振舞うことは、3歳からやっとはじまる」[同前：209] とか、「子どもがまわりの人や自分が入っている状況の中から自分の人格を抜き出して優位に置くことができるようになるまで、すなわち3歳くらいにならないと、埋め合わせられない」[同前：220-221] と述べている。そして、自己が独立した（自律した）自己、あるいは個体としての自己を確立するのは、狭義の感情、すなわち統制（制御）された感情（狭義）を形成してからとなる。生物（ヒト）としての人間の場合、自己（私）が自己（私）として十全に成立してくるのは、感情（狭義）が生成してからとなる。3歳を過ぎて幼児は、自らの個性を発揮し、親に反抗するようになるが、そのベースにあるのは感情（狭義）である。前述したように、感情、正確には、自己感情は、個別としての自己と、個別としての他者やモノとの境界を形成するのである。自己感情が形成されてこそ、動物としての自己自身は個体性を有するのだ。感情（狭義）、または自己感情は、人間の性格や人格のコアを形成するのである。それ以前は、この後すぐに論述するように、情動が幼児を支配する。

裏を返せば、3歳未満の幼児は、身体意識が未確立であり、自己の身体（肉体または胴体）と他者／環境との分離が成されていないわけである。ただそれでも、ワロンが述べるように、6ヶ月を過ぎた時期から幼児の中で身体意識が急成長を遂げる。特に顕著な発達は、他者認知である。「初めの半年が過ぎると、他の人間に対面しての反応が最高の頻度に達する時期がやがてくる。……7〜12ヶ月の

間に，他の人に向けられた運動反応の見られる率は始めの6ヶ月の間より4倍も多くなり，2年目に見られる頻度の3分の1を超える。」[同前；218]。

このように，ワロンは，幼児が誰彼なしに他者に対し反応を示したり応対したりすることを子どもの社会化の原基だと捉え，「見さかいのない社交性」[同前]，もしくは「混淆的な社交性」と呼ぶ。つまり幼児は，生後6ヶ月を過ぎてからようやく，他者を発見するのである。また，8ヶ月を過ぎてから，喃語も豊富になってくると言う[同前]。社交性の発達と，喃語，すなわち言葉は正比例の関係にあると考えられる。

もっと重要なことは，幼児が他者を発見するこの混淆的な社交性の時期に，この発達画期に特異の他者関係（対人関係）を形成するということである。ワロンは，この時期に特異な他者関係を「嫉妬」と「同情」に代表させている。6ヶ月を過ぎてから，正確には生後7ヶ月経ってから，幼児は自己と他者の区別が曖昧な状態の中で，すなわち自他未分化の状態で他者を発見するのである。この場合の他者は，人間特有の，もっと言えば，ホモ・デメンス特有の，人間的な他者であって，動物が見出す他者ではない。また，3歳以降の個体としての性格・人格が見出す個体としての他者でもない。それは，個体以前の，すなわち性格・人格形成以前の他者なのだ。とはいえ，私たち人間は生後6ヶ月を過ぎた頃に，動物（ヒト）以前の他者を発見するのであり，それは，自己の性格・人格が未確立の状態，すなわち自他未分化の状態で見出す絶対的な他者である（個体としての自己が個体としての他者を発見する場合の「他者」は，相対的な他者となる）。

しかも，幼児が自己自身を確立していない状態において，こうした他者（絶対的他者）を発見するベースには情動がある。感情（狭義）が発生する以前の感情（広義）は，普通，情動と呼ばれるが，ワロンにおいても情動は，自他未分化の状態の発達画期において発現するものである。情動は，自己が明確な他者認知をする以前の状態の中で駆動する自己の感情（狭義）なのだ。少し考えればわかるように，たとえば幼児が激しく怒ったり笑ったり泣いたりすることは，周囲の人たちの心を動かしたり揺さぶったりする。つまり情動そのものは，その表出の仕方自体が人々に影響を与えるという意味で，すでに社会的なものなのである。3歳未満の幼児が情動に駆動されるとともに，こうした幼児の情動が周囲の人たちを動かすことから見て，この時期の幼児において情動が主役であることは相違ない。幼児は情動を通して全面的に周囲の人たちの中に溶け込んでいるため，自己

と他者を区別することができない状態にある。だからこそ，他者は個体としての他者ではなく，絶対的他者として出現するのである。

　しかも近年，J. ルドゥーの情動の自律性を踏まえつつ，それを進展させた脳科学者，ダマシオによって，「ソマティック・マーカー仮説」[Damasio, 2006=2010] が唱えられた。それはいわゆる，脳・心の情動論的転回である。この仮説は，理性に基づく意志決定が可能になるためには，まず環境から入ってきた情報を瞬時に受けとめる身体反応，すなわち情動反応が不可欠であることを提唱した。一言で言うと，意志決定や状況判断には，情動（感情）が不可欠なのだ。知性は情動なしには的確な意志決定をすることができないのである。裏を返せば，脳だけでは心は生まれず，しかも意志決定は不可能なのである。重要なのは脳と身体の連関である。

　こうしたソマティック・マーカー仮説からも実証されるように，情動を介した他者関係の形成は不可欠である。あらかじめ述べると，統合失調症，または統合失調症質（スキゾイド）において起こる，自他未分化の状態で発散されるところの気の狂い，もしくは自己の狂気は，3歳未満の自他未分化の状態で生じる情動の回帰，または再体験（フラッシュバック）なのである。

（2）嫉妬と同情──他性としての自己

　では次に，3歳未満の幼児にとっては，絶対的な他者の発見の契機となる，「嫉妬」と「同情」についてワロンの事例を参照することにしたい。

　まず，混淆的な社交性の時期における嫉妬は，「自分と他人の混同の結果としてのみ可能なのである。見ている者は，見ている者でありながら受動から能動に移る。彼は相手の中に自分で生じさせたものを見，自分がわざわざ相手に与えた苦痛によって自分の心を怒らせかきみだすのである。」[Wallon, 1949=1970：227]。

　この嫉妬の論理にしたがうと，嫉妬の具体例は次のようになる。たとえば，A子がB子を殴ったとする。普通であれば理由はさておき，怒るのは殴られたB子のほうである。ところが，この場合，A子は自らが殴ったB子の中に怒りを見出し，B子に与えた苦痛に対し自ら怒ることになる。

　反対に，ある幼児は知人から褒められているにもかかわらず，自分が褒められているのではなく，隣の友だちが褒められたと思い込み，残念がる場合もまた，

嫉妬に相当する。
　次に，同情について例示するが，これについてワロンは多くの例を挙げている。
まず，2歳の頃の未分化な同情の例は次の通りである。

　　ある幼児は，紙から子どもの面を切り抜くのを見ていて，下手にやって首が取れて
　しまわないかと心配して大泣きした。
　　ある幼児は，ビスケットを2つにわるのを見て汎心論的な感情移入をして，「ビス
　ちゃんかわいそう」といい，木材が燃えおちるのを見て「木かわいそう」と言った。
　　ある幼児は，紙の人形の手を1つ切ってみせると泣いた。［同前：238］。

　また，ワロンは幼児が棒切れを玩具に見立てることを同情という現象から次のよ
うに説明している。
　「子どもが思ったりほしがったりするものと現実との間では，おとなにおける
よりもはるかに区別があいまいであり，子どもの心を領した思いや表象は，何で
も最初に出くわしたものを以て自分の意を得たものとすることができる。逆に言
えば，何であろうと彼の興味をよぶ実物のイメージを呼び起こすことができる。
棒切れも馬になり，布片も人形になる。彼はそれが本物に似ているかいないかは
気にかけない。……これに加えて，彼は具体的な表象しかもてないということが
ある。そこでただの四角が家となり，ただの円がお母さんとなる。」［同前：240］。
　さらにワロンは，言語についても同情が起こると捉え，次のような例を挙げて
いる［同前：240-243］。

　　ある幼児が「しいしい」と言うのは，おしっこがしたいとき，小さい女の子が着物
　をまくるのを見たとき，お皿から水がこぼれるのを見たとき，である。こうした比喩
　表現が出現するのは，順に，自分，他人，物体の動きの場合であるが，その理由は，
　3つの事柄を混同しているからである。
　　また，「おっぱい」と言うのは，自分が飲みたいこと，他の子どもが飲みたがって
　いること，その子どもに乳をやるように母を促すことと言うように，3つの事柄を兼
　ねている。
　　さらに，「いたいいたい」と言うのは，その子どもが痛かったとき，人形の足が壊
　れたとき，椅子が壊れているとき，お母さんの唇におできができたとき，叱ったり叩
　いたりする意味での場合，人が足が痛いと言っているのを聞くと自分の足を示す場合

を兼ねているのである。
　ある幼児は，遊んでいるうちに「気をつけて！」とか「ありがとう」とかの言葉を，初めてひとりで戸を開けることができたときなどに言っていた。これはつまり通る人と，危機を知らせる人との両方にすぐになれることであり，助ける者と助けられる者になれることなのである。
　ある幼児は，これこれの物にさわってはいけないという言いつけを自分で思い出すようになった。彼は両親を叩くのを止めるようになったが，叩きたくなると彼は，「たたいちゃだめ……ちゃん！」と言った。したがうことと禁止とがまだ本当の関係においてわかっていない。彼は明らかに一方から他方に移って行き，まるで自分が二つの位置に分かれているようで，まだその二つを一つの自主的禁止にまでもってくることができないようである。
　ある幼児は，自分がもらった小言を，みんな人形に言って聞かせた。
　ある幼児は，何かを壊すと自分の手を叱って「めーっ」と言った。

　このように，同情という現象は，幼児が同一の言葉を「自己，他者，物体の動き」や「助ける者，助けられる者」等々といった各々異なる文脈において使用することを示すものである。3歳未満の幼児は，自由自在に他者や物体などになれるのである。裏を返せば，3歳未満の幼児は確定した自己を持たないのだ。そのことに関連してワロンは，3歳未満の幼児の場合，「『私（je）』は，たまたま一定の状況に条件づけられてあらわれていたにすぎない。もっともよく見られることは，自分を指して三人称で呼ぶことである。もっとも，そうするのは親が子に向かって話すのをまねしているだけでもあろう」［同前：243］と述べている。幼児は母親らによって「私」という呼び方を教えてもらったから，その慣例にしたがって自己自身のことを「私」と呼ぶだけである。むしろ3歳未満の幼児は，自己のことを三人称である他者（他人）で呼ぶことが普通である。つまりこの時期の幼児は，自己と他者との区別が曖昧であり，自己を他者化，すなわち三人称化しているのである。
　そうしたことの帰結として，ワロンは，幼児の中にカプグラ症候群に匹敵する現象を見出している［同前：247］。

　人々を混同するのと反対に，同じ人が二人の者にされてしまうこともある。ある幼児は，あるときちょうどウィーンから帰ってきた父親が母と並んでいるところを突然

見た。「この人だれ？」ときかれてその子は、「もひとりのお父さんはウィーンにいるのよ」とつぶやいた。そこで父親は、「私がそのウィーンのパパだよ」といってきかせたところ、彼女は「じゃパパはここまで汽車で来たの？」ときくのだった。この場合、人格はいまだ状況に結びついており、居る場所がその人の他のあらゆる特徴と同列のものとして組み入れられている。

　幼児からすると、同一の人物（父親）は、いまここに居るパパと、ウィーンに居るパパという二人の人物であり、しかも各々のパパは、いまここという状況に居る人格と、ウィーンに居る人格としてのパパ、もしくはウィーンから汽車で来た人格としてのパパというように並置されていて、これら三者が同一人物であることを認知していない。つまり幼児は、パパを状況を超えて同一人物だと捉えることができないのである。幼児にとってパパは状況によって異なるのだ。このように同一人物が状況によって別人物になるわけである。それが、他者の性格・人格が一貫したものではないことを意味するが、裏を返せば、そのことは、幼児の性格・人格が一貫したものではないことの証左となる。幼児が3歳を過ぎて性格・人格が一貫したものとなるとき、状況次第で同一人物が別人物になる事態は解消するのである。

　これと類似したことは、後述するカプグラ症候群でも起こる。たとえば、ある夫は、妻が偽物だと断定するが、この場合、夫からすると、家で居る（居た）妻と、いまここに居る妻は、まったく別の人物であり、いまここに居る妻は偽物なのである（ただし、カプグラ症候群の場合、夫から見て妻がなぜ偽物と思うのかについて理由は言わない）。

　また、3歳未満の幼児が体験する面白いエピソードとして次のような例がある（なお、この事例はすべて、3歳未満の幼児に相違ないが、年齢の低い乳児も含まれている）［同前：185-189］。

・足を手にとってみたり足指をいじったり口にもって行ったりする。
・お湯に入っているとき、幼児は自分の体をあちこちからさわったりいじったりする。足をばたばたしてそれを見ている。
・ある幼児は、人形に自分のくつ下をはかせようとして、足と頭をとりちがえた。
・ある幼児は、指を外物のように取り外そうとする動作をした。

・ある幼児は，片手を一方の手で押さえつけて，遂に痛そうな顔をしている。
・ある幼児は，自分の指をかんでびっくりして泣いている。
・ある幼児は，大人が，「おくつをちょうだい」と言ったら，いまどこかへやったばかりの靴を拾ってきて，よこした。そして，大人が「あんよをちょうだい」と言ったら，自分の足を両手でつかんで，それを差し出そうと長いことやっていた。
・ある幼児は，ビスケットを，お母さんたちにやろうとするのと同じように，自分の足に何度もやろうとして，足指がそれを受けとるだろうとおもしろがっていた。
・ある幼児は，バルコニーの上からふくらはぎをかざして外をみせてやろうとした。また同様に，庭の小石を動かして石に新しいものを見せてやろうともした。

これらワロンの事例とは別に，筆者が別の著書で取り上げた事例［中井，2017］として次のものがある（若干事例の内容を変更した）。

・ある幼児は，自分の左手を太郎君，自分の右手を花子さんと言って，二人が会話した。
・ある幼児は，自分が大切にしている人形にジュースを飲ませようとしたが，自分がそのジュースを全部飲んでしまい，人形に残念だと言わせつつ，自分自身も悲しい顔をした。

ワロンが指摘するように，3歳未満の幼児は，自己を外界（モノ）と同列に扱い，自己を他者化，もしくは三人称化するのである。つまりそのことは，自他未分化の状態での自己の捉え方を意味する。このことに関連して，ワロンは次のようにまとめている。

「かくのごとく子どものアニミズムは，自分の身体と外界とを同じように取り扱かわしめる。これは，彼が外物を自分の自己感覚から外へ決定的に追い出し，身体を自我のうちに実質的に統合すると言う解決法ができる以前の，折衷的解決法である。しかしはじめは，体の各々の器官を個々にそれと認めるに際しては，それらをただそれぞれ並列することしかできないでいる。」［同前：189］。なお，ここで言う「並列」については，パラタクシスとの関連で再度，取り上げる（V章参照）。

（3）表象と緊張活動（トーヌス）

　ところで，3歳を境界に身に付く資質として「感情（狭義）」を取り上げるとともに，3歳未満の幼児の活動を駆動するエンジンとなる「情動」を区別した。ただ，情動と感情（狭義）では，他者との関係様式がまったく異なるにもかかわらず，人間にとって情動と感情（狭義）を包括する感情（広義）が個体としての自己を動かすことに違いはない。感情（広義）こそ，自己が自己であることの資質となる。

　前述したように，感情（狭義）が3歳以降の幼児の人格を確立する資質であるが，これに加えて自己が自己を確立する他の資質として「表象」がある。表象を形成することができるか否か，端的に表象の有無こそ，3歳未満／3歳以降を分けるメルクマールとなる。では一体，表象とは何か。これについてはワロンの発達理論を敷衍した加藤義信の表象理論が手がかりになる。

　加藤によると，表象は次のように規定される。

　まず，表象（representation）は，「re-present（再-現前化する）こと，つまり，今ここにはない対象を心的に蘇らせることである。」［加藤義信，2015：155］。それは，「represent は他動詞（蘇らせる）」から，「想起主体の自発性や意図性が初めから……前提とされている。」［同前］。「つまり，表象は外的世界からは（何らかの程度において）独立に操作可能な，主体の自由になる道具であること」［同前］なのだ。表象に対し，「知覚は当の知覚主体をいま，ここに縛るものである。」［同前］。なお，筆者は以前，著書の中で安永浩のファントム空間論の立場から知覚と表象の差異について詳述したことがある［中井，2017］。

　要するに，表象は，いま，ここに知覚主体を縛る知覚とは異なり，表象主体が自発的，意図的にいま，ここにはない対象を（外的世界とは独立に）心的に蘇らせる作用（＝再-現前化すること）である。

　次に，表象は，「対象や出来事をそれが経験される場から時間的，空間的に切り離して，別の心的なもの（イメージ，記号，ことばなど）に置き換えて保持できるようになること」［加藤義信，2015：156］である。端的には，表象とは「『置き換え』の働き」［同前］である。これに対し，「知覚的経験と知覚記憶痕跡，運動的経験と運動記憶痕跡の関係は，多かれ少なかれ連続する同質のものどおしの関係である。」［同前：157］。

　さらに，表象が「置き換えの働き」であることに関連して，「置き換えるもの

＝表象」は「置き換えられるもの＝指示対象」から切り離されて，「置き換えるもの＝表象」だけが自立的に利用することができると言う特徴を有する［同前］。つまり表象は，何か別物である指示対象を置き換え，代理するものでありがらも，指示対象とは切り離して——いわゆる，指示対象とは独立して——それ自体で用いることができるのだ。

　以上，加藤の表象についての規定から明らかなように，表象は，知覚や運動や記憶とは異なり，表象主体が，いま，ここにはない指示対象をいま，ここという時空から分離して独立に心的に蘇らせる能力なのである。しかも表象は，指示対象を指示対象とは異なる心的なもの（イメージ，記号，言葉等々）へと置き換える。

　繰り返し強調すると，表象は，感覚，知覚，運動，記憶等々とは異なり，現実の指示対象をそれよりもレベルの高い（＝メタの）現実，すなわちイメージ，記号，言葉等々へと置き換えることで，新たな現実（メタ現実）を作り出すのである。したがって，「表象の獲得によって開けた世界と表象の獲得以前の世界」［同前：161］とのあいだには，発達上大きな差異が見出される。私たち人間にとって経験したこと（指示対象）を外的世界から分離して，いわば，外的世界から独立して心的次元で再―現前化することは決してたやすいことではないのだ。

　表象という心的作用から見ると，3歳未満の頭足類身体は未だ知覚や運動などに囚われていて，経験したこと（指示対象）を心的に蘇らせることは不可能である。頭足類身体では未だ，自己の身体（肉体または胴体）を所有しておらず，せいぜい鏡像段階を通して獲得した視覚的レベルでの他者の身体および他者化した自分の身体を所有化することが関の山であり，自らの心的次元で経験したことを再現することは不可能なのである。また，3歳未満の幼児は，未だ表象を自らの動作と分離することができない，すなわち十全な意味で表象を形成できないがゆえに，常に，自己の表象を具体的な動作の中へ投影しようする。具体的に言うと，子どもが言葉を発する際には，常にしぐさや動作や指さしが補充的に加算される。ワロンは表象の出現に際して動作やしぐさが分離されないことを「投影的段階」［Wallon, 1956=1983：145-146］と呼ぶが，表象が自律するには，シンボル操作能力を要するのだ。

　ところで，ワロンによると，表象は一般に誤解されているように，運動的な適応や視覚的適応の進展によって生み出されるわけではない。運動的な適応はとも

かく，一見，表象は可視的，視覚的なものであることから，視覚的適応の結果として自然に生み出されたように思われる。ところが実は，意外なことにも，表象の発生には姿勢機能の働きが決定的な影響を及ぼすのである。

加藤を敷衍すると，表象という心的世界がいま，ここの現実世界に縛られずに，その世界を超えていくためには，「行為主体と外界との間に時間的な隙間（待ち）や空間的な距離ができるところに，表象発生の契機を求めなければならない。それを可能にするのが姿勢機能なのである。そして，表象の発生の契機は，姿勢機能の二重性にある。」[同前：168]。

一つは，「緊張性の活動（activite tonique）」[同前]，すなわちワロンの発達論で最も独創的な概念である「トーヌス」であり，「身体内での，身体内に向かう活動（自己塑型的活動）」[同前]である。もう一つは，「身体が位置する状況に応じた活動」[同前]であるとともに，「対象への外的運動を調節して支える活動」[同前]である。

つまり，姿勢機能の二重性は，「外界を志向しながらすぐには運動となって解消しない"外界を反映する内面"＝表象を生み出す条件となる。」[同前：168]。加藤がいみじくも述べるように，姿勢機能は，「閉じつつ開く」[同前：169]という相矛盾した二重性が表象の発生には不可欠なのである。表象の形成過程は，模倣のそれと軌を一にするが，この課題は本書の目的を超えていることから，これ以上の言及は避けることにする。

このように，表象（作用）は，表象主体が自発的，意図的に現実世界において経験した指示対象を内的，心的次元において再一現前化する，すなわち創造（再創造）する能動的な作用であり，しかも，再一現前化されたもの（＝所記）は別の何か（＝能記）へと代理とされることを意味することから，表象主体は，その別の何かという新しい現実（イメージ，記号，言葉等々）を操作して，保持することができるようになる。その意味で，自らの身体を未だ所有できていない3歳未満の頭足類身体は，表象以前の世界，すなわち，いま，ここにある現実世界を端的に生きられていると考えられる。3歳未満の頭足類身体が表象主体になるためには，十全の姿勢機能が生理的に成熟するまで——特に緊張活動（トーヌス）を習得するまで——待たなければならないのである。

III.
頭足類身体のロゴス

1．頭足類身体の原論理

　ところで，頭足類画を描く，3歳未満の頭足類身体がどのような他者／世界の了解モードを有しているかを明晰に示した唯一の文献として，東久部良信政の『頭足類の人間学』［東久部良信政，1978］，およびそれをまとめた論文［東久部良信政，1979］を挙げることができる。
　東久部良は，3歳未満幼児の頭足類身体が，次のような原論理を有していると述べている［東久部良信政，1978：19ff.］。なお，ここで「原論理」とは，アリストテレスの論理学以前の論理，すなわち形式論理学が生成してくるところの原基としての論理（「『原』論理」）のことを意味する。

> 「私は私でありかつ私は私ではない。」

　ただ，この命題は，頭足類身体からすると，極めて消極的な表現にすぎない。これを発達の特性に即して意味あるものへと表現し直すと，次のようになる［同前：48ff.］。

> 「私は私でありかつ私は私以外のあらゆるものである。」

　これをもっとアクティブに表現し直すと，次のようになる［同前：19ff.］。

> 「私を私以外のものである他物や他者に変転させる。」

　総じて，次のように集約することができる。

> 「私は私でありかつ私は私でない。つまり私は，私以外の他物や他者になることができる（＝変転させることができる）。端的には，私は何にでもなれる。」

いま提示したこの命題こそ，頭足類身体の原論理，すなわち生きられる頭足類身体の様態を端的に示したものである。つまり，3歳未満の生きられる（幼児の）頭足類身体は，「私は私でありながら，私は私ではない。」である以上に，「私は私でありながら，私は私ではない。」ことによって「私は私以外の何か（＝他物や他者）になることができる。さらに，私は私以外のあらゆるものになることができる（＝何にでもなれる。）」のである。「私は他の何かになる。」ということの内実は，Aは〜A，すなわちA以外のB，C……Xになることができるのだ。総じて，「私は何にでもなることができる。」これはいわゆる変身の論理である。

この，「私は何にでもなることができる。」という頭足類身体の原論理は，あまりにも外延が広過ぎて，尋常を超えている。アブノーマルとさえ言える。それゆえ，3歳未満の幼児はホモ・デメンスなのだ。

ところで，ワロンの幼児の事例をすでに見たように，幼児は常に他の何かになりつつ，さまざまなドラマを繰り広げている。特に，頭足類身体を生きられる幼児の場合，自己と他者の区別は不分明であり，自己はすぐさま自己以外の何ものかになる。もっと言えば，自己は他者に変身する。彼らはまさに，頭足類身体を生きられているのだ。

たとえば，自分の左手を太郎君，自分の右手を花子さんと言って，二人に会話をさせた幼児は，自分が同時に太郎君と花子さんになることで一人二役をこなしている。また，自分が大切にしている人形にジュースを飲ませようとしたが，自分がそのジュースを全部飲んでしまい，人形に残念だと言わせつつ，自分自身も悲しい顔をした幼児の場合，自分が自分でありながら，人形になって人形の立場から残念な思いを語らせると同時に，その様子を見ている自分自身も悲しいという感情を共有している。こうした複雑なケースでなくても，前述したように，幼児はビスケットが割られたり，木材が燃え落ちるのを見て，本当にかわいそうだと思う。この場合，幼児はビスケットや木材になっていて，その立場からかわい

そうだと感じるのだ。

　このように，3歳未満の頭足類身体は，自らの身体（肉体）を所有していないことによって，原論理で示される自己が自己以外の何ものかを生きられるとともに，独特の他者／世界の了解を行う。というのも，未だ身体（肉体）を所有していない頭足類身体は，他者／世界了解の拠点として確固たる意識および自己意識を持たないことから，何ものかを認識・理解するとき，その何ものかへと融即（＝自己と自己以外のあいだに仕切りのない，相互的な溶け込み合い）・没入により，いわば無意識に一体になることで，それを端的に認識・理解するからである（ここで，特定の視点や拠点を連想させる「認識・理解」という言葉を用いることさえ，適切でないかもしれない）。

　繰り返し強調すると，頭足類身体は，頭足類画のように，頭と手足のみを描くことから見て，自らの身体（肉体）を所有していない。自らの身体（肉体）を所有していない人間は，個体および個体の中核となる人格・性格や感情を十全に所有しておらず，その分，いわゆる透明な存在として他者／世界の中へ直に入り込む（潜入する）ことができるのである（ただし，これは能力以前の傾性というべきものである）。

　ところで，Ⅰ章で，鏡像段階の習得によって得ることができるものとして，視覚的レベルでの身体像の獲得を挙げた。実は，頭足類身体が有する原論理である「私は何にでもなれる」という場合の「何にでも」の外延は，幼児にとって具体的他者やモノ，すなわち視覚的に見ることのできる対象に限られるのではないかと考えられる。つまり，生きられる頭足類身体にとって「何にでも」という場合の「何」とは，目の前にいるこの友だち（次郎くんや洋子さん），目の前にあるこの玩具（たとえば，ウルトラマンやリカちゃん人形）であったり，同じく目の前にあるこの草花（たとえば，タンポポや桜）であったりする。裏を返せば，生きられる頭足類身体にとって目の前にないモノや実在しない神さまなどの形而上学的世界は，この「何」には該当しないと考えられる。頭足類身体は，未だ自己の身体を所有していないのであり，自己にとって意のままになるのは，視覚を通して眼前にある（いる）個別としての他者やモノのみなのである。

　以上が生きられる頭足類身体の原論理であるが，Ⅴ章で論述するように，こうした原論理が病理として発現する場合がある。つまりそれは，妄想，特に否定妄想である。たとえば，物心ついた少年が真顔で「自分は正義のヒーローになれる

（自分はヒーローだ）」とか，大人が真剣に「私は神になれる（私は神だ）」と述べたとしたら，どうであろうか。そのことは，他者や社会によって妄想だと否定されるであろう。実は，物心ついた人間がこうした妄想を語ることは，ここで述べてきた原論理と関係がある。たとえば，少年・青年をはじめ，大人が統合失調症のような精神疾患に罹患した場合，妄想（否定妄想）のように，頭足類身体の原論理が歪んだ形で回帰してくるのである。したがって，頭足類身体論は，統合失調症をはじめ精神疾患や精神病理をも研究の対象とする必要があるのだ。

2．私性の論理学

　前節では東久部良の頭足類の人間学に沿って，3歳未満の頭足類身体の原論理を提示してきたが，その原論理こそ，東久部良の言う「私性の論理学」の基準となるものである。この場合の「私性」とは，「『私』の個体発生史的様態」［同前：7］を意味する。要は，私が私として生成（発生）してくるその都度の様相の謂いである。この「私性」という言葉が理解しづらいと感じるのは，私たちが「私」を実体的なものとして固定的に考えてしまうからである。

　あらかじめ述べると，東久部良が展開する私性の論理学は，前述した頭足類身体の原論理を基準に据えたものであり，通常のものではないため捉えにくい。そこで本書では，頭足類身体の原論理を基準に据えながらも，日常の形式論理（日常私性）からそれ以前の原論理（非日常私性），さらには，その基底の原論理以前の未日常私性（未生世界）へと遡及していくことにする（こうした論の進め方をとる関係で東久部良の番号表記を変更した）。

（1）日常私性

ところで，私たちにとって最も馴染みやすいのは次の命題である。

> 「私は私であり，私は私でないことはない。」

これは，形式論理学でいうところの，同一律，排中律，矛盾律に準じたものである。私性の論理からすると，「P（私は私である）」＝「真」であると同時に，「～P（私は私でない）」＝「偽」である。しかも，「P＝真」および「～P＝偽」と

いう論理は，日常世界において恒常的に成り立つことから，「日常私性」［同前：51］と名付けられる。「日常私性」はアリストテレス以降の形式論理学に準拠するものである。

集約すると，次のように示される（ただし，ここで言う「Ⅰ型」の「Ⅰ」は基準ではなく，表記上の番号に過ぎない）［同前］。

Ⅰ型：日常私性　　　　P＝真
　　　　　　　　　　　〜P＝偽

（2）非日常私性

私性の論理学を「かつ」を示す「∧」という記号と，「否定」を示す「¬」を用いて機械的に展開すると，Ⅰ型の日常私性は，次のⅡ型になる［同前：52-53］。

Ⅱ型：非日常私性　　P∧〜P　　真（絶対真）
　　　　　　　　　　¬（P∧〜P）　偽（絶対偽）

東久部良は，私性の論理学を展開するに当たって，このⅡ型が原論理の基準であることからⅡ型を（基準を示す）「Ⅰ型」としているが，煩雑さを避けるために，本書では「Ⅱ型」と記述する。このように，定式化された私性の論理こそ，前節で示した頭足類身体の原論理にほかならない。

　「私は私でありながら（P），私は私ではない（〜P）。私は他の何か（〜P）になる。もっと言うと，私は何にでも（〜P）なれる。」

言うまでもなく，この私性の論理は形式論理（学）でいうところの排中律を侵犯していることから，日常世界では成り立たない論理である。にもかかわらず，それは，頭足類身体の原論理として成り立つ標準系である。

東久部良は，Ⅱ型（非日常私性），すなわち「『私は私でありかつ私以外のあらゆるものである』という分割された私性の事態」のことを「真と偽の私性を超越するところの絶対真の私性」［同前：48］と名付けている。その理由は次のよう

に説明される。

「『私は私である』ことが真であり，『私は私以外のあらゆるものである』ことが偽であるところの私性は日常の私性であって，その世界も日常世界に属している。ところが他方の『私は私でありかつ私は私以外のあらゆるものである』ことが絶対真であるところの私性は非日常の私性であって，その世界においては，日常的な世界は，非日常的な巨大な宇宙，ないし形而上学的な存在宇宙に変貌しているのである。」［同前］。

ところで，このⅡ型（非日常私性）に匹敵する論理学として，東久部良は古代ギリシャ哲学エレア学派のパルメニデスを挙げている。

パルメニデスの論理学を整理すると，次の2つに集約できる［パルメニデス，1958：37-44］。

①あるものはある，ないものはない。
②真にあるところのものは，連続一体・不生不滅で変化もしなければ運動もしない全体として，同質の球体を形づくっている。この全体は，対立物の合一したものではない。なぜなら，対立と言うものも存在しないからである。これに対し，運動・変化・多なるものは，死すべき人間のドクサにすぎない。

東久部良は，「パルメニデスは自ら気付かぬままの分割された私性でもって，その始原宇宙を論理的に考察していき，世界は"有らず"と言うことのない"有る"だけで充満した一者の存在宇宙であると論述した」［東久部良信政，1978：47］と捉えている。パルメニデスの論理を原論理に置換して述べると次のようになる。「私は私でないことにより，私は私以外のあらゆる他物に変転して，世界の隅から隅まで流出していき，かくして私でない方の片割れの私が全宇宙とぴったりと一致するのである。そして，その片割れの私が織りなす宇宙を残余の私が考察してみるに，そこでは日常世界とは異質の非日常的な形而上学的世界の所作が現出している」［同前］，と。

アリストテレスの同一律，排中律，矛盾律に対し，パルメニデスのそれら（三律）は，「絶対真の私性は絶対真であり，絶対偽の私性は絶対偽の私性であるという同一律」，「絶対真である私性と絶対偽である私性とによって峻別されているとする排中律」，「絶対真の私性が絶対偽の私性であることは不可能であるという

矛盾律」[同前：57]，となる。

　ところで，3歳未満の頭足類身体の原論理と，パルメニデスの論理は，同型的であるように見える。ところが，前者は後者のように，日常と非日常の区別をはじめ，非日常と化した日常世界における形而上学的世界の現出は起こり得ない。3歳未満の頭足類身体は，「何にでもなれる」という傾性を持つと言っても，宇宙そのものになることはできないのである。

　パルメニデスよろしく，「あるものはある，ないものはない」と言うように，世界が「有らず」，すなわち存在が消滅・消去・無化されるところの非存在ということは思考不可能であるが，「あるものはある」ことにおいて，存在するものとしては，「私としての私」であっても，「私が他の何か（＝私以外の何か，もしくはすべてのもの）」でもよいことになる。しかも，存在するものは，生成・消滅・運動しない，いわゆる非日常的な世界となる。突き詰めれば，それは有限存在である人間から見ると"永遠"とも言うべき宇宙そのものである。

　こうして，パルメニデスの論理学は，3歳未満の頭足類身体のように（それ以上に），絶対真の非日常私性を現出させるのである。パルメニデスの非日常私性に通底する論理を展開したのは，日本を代表する哲学者，西田幾多郎である。西田は，東洋的な禅の論理を展開する中で，「故に自己というものは，論理的には否定即肯定として，矛盾的自己同一的に把握せられるものでなければならない。」[西田幾多郎，1998：344]。「故に自己が自己矛盾的に自己に対立するということは，無が無自身に対して立つということである。真の絶対とは，此の如き意味において，絶対矛盾的自己同一的でなければならない」[同前：359]と述べている。ここに述べられているように，西田もパルメニデスと同様，自己の中に自己と相対立する自己が同時に存在すること，すなわち自己が「論理的には否定即肯定」という矛盾的自己同一的であるべきことを発見したのである。自己は自己であると同時に，絶対対立する自己，すなわち絶対的他者であることは，3歳未満の頭足類身体が体験するところの，「私は私でありかつ私は私以外のあらゆるものである」という絶対真の私性または原論理と同じなのだ[3]。それは，パルメニデスの原論理と同じく，P∧～Pと表される。

　ところが，東久部良がいみじくも指摘するように，パルメニデスの非日常私性は，「P∧～P　真（絶対真）」で足踏みをしている。裏を返すと，パルメニデスは独自の形而上学的世界を構築しながらも，存在が消滅したり無化したりするよ

Ⅲ．頭足類身体のロゴス　35

うな非存在を受け入れることができなかった。ここにパルメニデスの限界がある。
　実は，Ⅱ型の非日常私性は，絶対真の私性に留まらず，絶対偽の私性が存在する（論理学から機械的に生成されてくる）。それがすでに示した，もう一つの非日常私性である「￢（P∧～P）　偽（絶対偽）」である。これは，「『私は私である』ことと，『私は私でない』ことの両者がともに消滅したところの絶対的無化である私性のことである。」[同前：49]。つまり，Ⅱ型の非日常私性は，「私は私でありかつ私は私以外のあらゆるものである」という絶対真の私性を消滅・無化させるところの絶対偽の私性を同時に成立させていると考えられるところの論理なのである。ここまでくると，もはや欧米的な思考様式では太刀打ちできないことがわかる。その点，西田はパルメニデスの絶対真の私性を超えて絶対偽の私性へと踏み込んでいる。その論理は，「￢（P∧～P）　偽（絶対偽）」であり，絶対無の論理である。そして，絶対無を介して，私性は，絶対真の私性と絶対偽の私性の弁証法へと進展していくのである。それが次に挙げる「未日常私性」である。

（3）未日常私性

　ところで，次に向かうべき私性の論理は，「絶対真である私性と，絶対偽である私性の両者が未だ全く生じていなく，これらは根底からして未現出であるというような私性」[東久部良信政，1978：50] となる。「絶対真と絶対偽の私性を超越するところの『色』の私性」と「『色』の私性を滅却させたところの『空』と名付ける私性」[同前] である。要するに，すべての世界がそこから生成・現出するところの「未生世界」を示す私性の論理が要請されるのである。本書では，これをⅢ型に分類することにしたい。

```
Ⅲ型：未日常私性　　　((P∧～P)∧￢(P∧～P))　色
　　　　　　　　　　￢((P∧～P)∧￢(P∧～P))　空
```

　東久部良が述べるように，「空の私性とは，……絶対真である私性と，絶対偽である私性の両者が未だ全く生じていなく，これらは根底からして未現出であるというような私性のことなのである。」[同前]。なお，この未日常私性は龍樹のレンマの思想に通底するが，それについては本書の目的を超えることからこの程度の記述に留めることにしたい。

私性の論理学をまとめると次のようになる。

Ⅰ型：日常私性　　　　P＝真
　　　　　　　　　　　〜P＝偽
Ⅱ型：非日常私性　　　P∧〜P　　真（絶対真）＊
　　　　　　　　　　　￢（P∧〜P）　偽（絶対偽）
Ⅲ型：未日常私性　　　((P∧〜P)∧￢(P∧〜P))　色
　　　　　　　　　　　￢((P∧〜P)∧￢(P∧〜P))　空
＊私性の論理学の基準系：P∧〜P　真（絶対真）
　：「私は私でありかつ私は私でない。つまり私は，私以外の他物や他者になることができる（＝変転させることができる）。端的には，私は何にでもなれる。」

（4）頭足類身体の「非」日常私性

　これまで，東久部良の私性の論理学を日常の形式論理からそれが生成する以前の——もしくは基底の——非日常私性（原論理），さらなる基底の未日常私性（空性の私性）へと遡及しつつ展開してきた。本書で中心となる私性は言うまでもなく，非日常私性，特に，P∧〜Pが真となる絶対真の私性である。それはまた，古代ギリシャの哲学者，パルメニデスの非日常私性に通底するものであった。私性の論理学からすると，3歳未満の幼児の頭足類身体の原論理と，古代ギリシャの哲学者の原論理はまったく同一の形式をとるのである。

　繰り返すと，両者の原論理は，「私は私でありながら，私は私でない」（A∧〜A），そして，それを進展させた，「私は私でありながら，他の何かになることができる（何にでもなることができる）」（A→〜A＝B，C……X）と示すことができる。勿論，幼児の頭足類身体は，「他の何かになることができる」の「他の何か」は，他者やモノといった具体的かつ身近なものであるのに対し，古代ギリシャの哲学者の「他の何か」は，全宇宙といった形而上学的世界である。したがって，前者が日常世界に留まるのに対し，後者は非日常世界が日常世界を覆い尽くすことになる。こうした差異こそあれ，3歳未満の幼児の世界と古代ギリシャの哲学者の世界において原論理が通底しているのである。それにしても，3歳未

満の幼児にとって，(大人から見て)ありきたりの日常世界がA∧〜Aという，変容・変身に満ちた驚きの連続の世界だということは，刮目すべき事実なのである。

ところで，I章では，生後6ヶ月〜18ヶ月の幼児が鏡像段階を通して可視的な身体像を鏡の中，すなわち自己の外に見出すことについて述べた。つまり，この発達画期の幼児は，形のない自己（I）を外にある形のある他者の身体（me）によって取り込み，「I＝me」というように先取り的に統合してしまうのだ。ただこの場合の統合は，あくまで視覚的レベルでの身体像の所有にすぎない。むしろ，鏡像段階を通して幼児が獲得する鏡像は，自分だけでなく，自分以外の他者からも同等に所有されるものである。存在論的にはのっぴきならない問題があるとはいえ，生理早産のため，脳が十全に発達しないまま，早く生まれてしまった人間にとっては，「ばらばらに寸断された身体像」を生きられるよりも，たとえ他者の身体像，しかも他者と同等のまなざしに曝されるものであっても，「ばらばらに寸断された身体像」を統合する上では明らかに有利なのである。そのことはまさに，生の戦略と呼ぶにふさわしい。

見方を変えれば，たとえ他者や他者のまなざしに汚染された身体像であっても，その身体像を視覚的レベルと限られた範囲で自己自身のものとして所有化することは，鏡像段階を通して幼児が他者の身体像を認知することができるという点で意味があるわけだ。したがって，幼児が他者の身体を見出すことができるのは，6ヶ月以降の鏡像段階を契機にしてであると考えられる。ただ急いで付け加えると，この頃の幼児は他者の身体を見出すとともに，その他者の可視的な身体へと自己逃亡し，自己を統合するといっても，自己と他者が未分化の状態で身体を発見するに留まる。

こうして，6ヶ月以降の幼児は，視覚的レベルでの身体の統合，すなわち自己らしきものの先取りに成功しながらも，自他未分化の状態で身体を見出すことになる。裏を返せば，この頃になってようやく幼児は，他者を発見するとともに，その一つとして自己をも見出すのだ。この場合の自己はあくまで三人称化した他性を帯びたものにすぎない。

個体としての「私」が「個体」としての「他者」とかかわるようになるのは，幼児の中に性格・人格や感情・自己感情が形成される3歳以降になってからである。この頃になって幼児は，自他未分化の状態を脱して自他分離・主客対立にお

いて他者を認知するとともに，自然に他者を巻き込むような情動ではなく，知性によって制御される感情および自己感情によって他者とかかわるようになる。そのため，3歳を過ぎた頃から幼児は個体としての性格・人格，総じて個性を強調するようになる。いわゆる反抗期への移り変わりである。

Ⅳ.
生きられる頭足類身体
――自他未分化状態の遊びと対象への没入

　これまで，3歳未満の頭足類身体の非日常私性，すなわち原論理を論述してきた。その原論理は，「私は私でありながら，私は私ではない。私は他の何かになる。もっと言うと，私は何にでもなれる。」（「A∧〜A」）というように私性の論理学によって示すことができた。

　では，3歳を過ぎた私たちは，こうした原論理およびそれによって繰り広げられる独自の世界をもはや生きられることがないのであろうか。それに対する答えは，そうであるとも，反対にそうでないとも言うことができる。まず，そうでないと言うのは，ごく一部の人たちを除いて私たちはもはや3歳未満の頭足類身体を生きられることができないということを意味する。頭足類身体を生きられるごく一部の人たちというのは，身体（身体意識）の未発達によって，自己の身体を十全に所有することができなかった者たちを指す。

　次に，そうであると言うのは，私たちはごく自然にかつ短期間であれ，そうした頭足類身体を生きられるということを意味する。まずは，ごく一部の人たちだけが頭足類身体を生きられることについて示すことにしたい。

1．最果タヒの頭足類身体

　現代の詩人，最果タヒは，清川あさみとの合作，『千年後の百人一首』で次のような詩作をしている［清川あさみ・最果タヒ，2017：73］。

　わたしのことを忘れてみれば，もっと遠くが見えるのです。
　わたしの肌を忘れてみれば，遠くの風を感じるのです。
　わたしの体を忘れてみれば，遠くの匂いがしてきます。
　とおくの，あの山の峰にさくらが咲いている。
　わたしは今，さくらのはなびらの中にうずくまって，

ほろほろと溶けそうな色彩で瞳のおくを染めている。
だから，おもいださせないで，
遠くを見ているわたしの体に，触れないで。
人も，鳥も，虫も，近くの山の霞さえも。

　この詩からわかるように，自然を隈なく見通すために，詩人の自己は自己を中心にしつつ能動性を発揮するのではなく，自らの身体を抜け出して，いわば自己を置き去りにすることによって，もう一つの自己（＝片割れの私）が積極的に自己であるほうの自己から遊離することにより，真近に遠くの風景を見て，遠くの風を感じて，遠くの匂いを嗅いで，そして，遠くのあの山の峰に咲いている桜の花びらの中にうずくまり，その花びらの色彩で自分の瞳の奥を染めるまでに自然のありとあらゆるものを見ているのである。花びらの色彩が詩人の瞳の中に映し出されているという表現は，実に印象的である。この詩人と花びらとのあまりの近さ。花びらを接近可能な極限としつつも，こうした対象と一体化した詩人の身体であったが，次の瞬間，ふと我に返って想起される置いてけぼりとなった詩人の自己自身の身体。いまや，遠くへ出かけてしまって，抜け殻となってしまった詩人の身体のことを想起させたり（気付かせたり），誰も何も触れたりしないでそのまま，いましばらくは放っておいてほしい，というのがこの詩人のささやかな願いなのである。
　詩人，最果タヒは，頭足類身体を生きられることによって，片割れの私が積極的に自己でない自己が遠くのモノたちがいる（漂う）その場所まで出かけていく。そのことはまさに，対象との一体化であり，融即（＝相互的な溶け込み合い）である。こうした描写こそ，「私は私でありながら，私は私ではない。私は他の何かになる。もっと言うと，私は何にでもなれる。」という頭足類身体の原論理を有する者だけの成せる業である。私たち人間は，同一の風景やモノを見るとき，誰にとっても同じものに見えると思念しているが，実は，男女では視覚細胞（錐体細胞と桿体細胞）の分布の相違から見える色彩の鮮やかさに差異がある。ところが，こうした性差の生理学的差異を超えて，性差以前の頭足類身体を生きられるか，そうでないかによって，風景やモノの見え方は根本的に異なるのである。最果の詩に典型とされるように，詩人の身体が対象と融即してその内側からその対象を丸ごと味わい尽くすことも可能であり，それは，理解の極致なのである。

Ⅳ. 生きられる頭足類身体　41

　さらに，最果は，別の詩作によって自らが頭足類身体を生きられることを端的に曝露している［同前：89］。

私の命は雨の粒より丸くて，軽く，
きっとあなたのところまで飛んでいくことができるでしょう。
……（以下，省略）

　ここで，最果は，「私の命は雨の粒より丸くて」と綴っているが，この「丸さ」こそ，頭足類身体の端的な表現である。すでに，Ⅰ章で頭足類画を通して生きられる頭足類身体の基本形は，丸または円や球であると述べたように，詩人自身，丸い（円い）存在なのである。しかも，この丸い私は，あなたのところまで飛んでいくことができるのだ。
　いま論述した最果タヒの詩の論理は，前述したように，パルメニデスや西田幾多郎と共通する非日常私性（絶対真の私性）そのものであり，A∧〜Aと示されるものである。むしろ，この場合の〜Aは「A以外の何ものか」，もしくは「あらゆるもの」であることから，3歳未満の頭足類身体の，「私は私以外の他物や他者になることができる。端的には，私は何にでもなれる。」自己なのである。
　ところで，最果の前者の詩については，解離の空間的変容という観点から捉えることも可能である。ここで言う解離の空間的変容とは，自己が「見る自己」と「見られる自己」という2つの自己に離隔する，体外離脱と気配過敏を指す。この場合，最果の詩は体外離脱として捉えることができる。というのも，自己が「見る自己」と「見られる自己」という2つの自己に分離し，一方の「見る自己」は自己を抜け出して遠くの花と融即しているとともに，もう一方の「見られる自己」はいま，ここに居る，という具合に捉えることができるからだ。したがって，最果の詩は，解離，特にその空間的変容としての体外離脱によって説明することができるのである。
　しかしながら，筆者は，こうした解離（体外離脱）の基底に，前述した「A∧〜A」，すなわち「AはAでありながら，A以外の何ものかになれる」という原論理を見出すのが先決ではないかと考えている。むしろ3歳未満の頭足類身体の原論理，または非日常私性（絶対真の私性）が根底にあって，副次的な現象として解離（体外離脱）が存在するのではなかろうか。もっと言うと，解離の空間的

変容である離隔，体外離脱，気分過敏などの症状はすべて，3歳未満の生きられる頭足類身体の原論理，すなわち絶対真の私性として包括的に捉えることができるのである。というよりも，筆者は，かなりの種類の精神疾患は，3歳未満の頭足類身体の再体験，またはそれへの回帰ということで説明することができるのではないかと考えている。今後，解離研究を頭足類身体論において包括的に捉え直していきたい。

以上のように，筆者は生きられる頭足類身体の代表として最果タヒの作品およびその作品で表現された詩人の身体をオマージュした。繰り返し強調するが，こうした類の詩作は，生きられる頭足類身体にだけ可能なものである。その先達として最果よりも自由奔放に，それこそいつでも，どこへでも飛んでいける作家として宮沢賢治がいるが，宮沢の頭足類身体については別の機会に取り上げたい（宮沢賢治の場合も，さまざまな神秘的体験は解離で捉えられることが少なくないが［柴山雅俊，2007］，現時点で筆者は，賢治は3歳未満の頭足類身体を生きられていたのではないかと考えをあらためつつある）。

2．生きられる頭足類身体としての無我夢中

（1）無我夢中の状態

私たちが日常の中で頭足類身体を生きられる契機の一つとして，無我夢中，すなわち我を忘れて何事かに夢中（没頭）になることを挙げることができる。私たちは，そのことに気付くことはほとんどないが，時が経つのを忘れて何かを成し遂げた経験は誰しも一度はあると思われる。こうした無我夢中の状態こそ，3歳未満の生きられる頭足類身体の再現である。むしろ筆者は，3歳未満に体験した自他未分化な「（自分以外の）何かになる。」ことがその後の私たちの無我夢中の状態として何度も，そしていつでも，回帰してくるのではないかと考えている。

ところで，無我夢中の状態，もしくは我を忘れること（忘却）であるが，これについてはまず，外山滋比古の忘却論が手がかりになる。

「なにかあることに夢中になると，ほかのことは忘れてしまう。」［外山滋比古，2009：103］。

「ものごとに集中すると，ほかのことは眼中になくなり，頭から消える。忘れてしまう。集中はもろもろの雑事を放擲，忘失することによって頭を清澄にする

ことができる。だらだら長い時間，勉強している者が好成績にならないのに，スポーツなどに打ち込んで，集中力を高める者が，学業でも好成績を収めるのは，集中，他事忘却，などがうまく作用するからである。」[同前：103-104]。

　外山が述べるように，私たちが経験する「忘れる」ことの中で，最も特異なのは，何かあることに夢中になること，すなわち集中もしくは没頭・没入することにより，一時的にそれ以外のことが頭（記憶）の中から消え失せてしまうというものである。外山は明言していないが，無我夢中の渦中において忘却するのは何かあること以外の事柄に加えて，否それ以上に「我」そのものではないかと思われる。その意味で無我夢中とは，何よりも「我を忘れる」という経験なのである。つまり，私たちが無我夢中である最中，私たちの自我意識が後退し，行為と意識とが融合状態（主客未分の状態）にあって意識することそれ自体を省みることはない。そのとき私たちはただ内的意識に沈潜しているだけである。と同時に，私たちは内的プロセスを強く意識している。つまり，私たちの生そのものにとって一切の「目的—手段」連関——「……のために〜を行う」——が破棄され，現在（自己）が現在（自己）へと収斂され，内的意識は自己目的的となる。宗教学では，こうした特異な体験のことを「変性意識」と呼ぶことがある。

　繰り返し強調すると，私たちが何かに没頭・没入して無我夢中である最中，ある対象・事象への精神集中によって，自我意識が忘却状態にある。しかも，私たちの内的意識は，主客未分の状態にあって，内的な報酬に基づく自己目的的な状態にあると言える。

　このように，私たち行為主体にとって精神集中が強いられ，緊張感をともなう，生の遂行現場において稼働する知は，M. ポラニーによって「暗黙知（tacit knowing）」[Polanyi, 1966=1980] と名付けられた。普通，暗黙知と言えば，知覚や道具経験から始まり，技能や技術の遂行，科学的な探究を経て，芸術的な鑑賞や宗教的行に至るまですべてを包括している。ところが，本当の意味で「暗黙知」という概念が主題化されるのは——暗黙知が暗黙知だといわれる所以は——，行為主体が精神集中が強いられる生の遂行現場においてである。暗黙知はそのとき初めて稼働される知なのである。というのも，暗黙知とは，自我意識の忘却（忘我）に呼応してより一層稼働される知（身体意識または身体知）であり，したがって行為主体の意識の変容と不可分な知だからである。こうした類の知は，人間の生にとってあまりの近さゆえに，端的に生きられるものでしかない，それ

ゆえ，それは不可視のものとなり，常に見失われる運命にある。

いま，ここで生を営む私たち，いわゆる常に生の現場に居合わせる私たちにとって自らの生き方や人生が充実したものであるか否かということは，身近な他者がどれほど私たちを綿密に観察したり記録に残したりしても，外から客観的に判断することはできない。というよりも，私たちにとって自らの生は，どれほど主観的に映じようとも，内的に感取し得る手応えであり，言葉としては表現し尽くせない感覚によって判断されるものなのである。

こうして，私たちは生の最中，生の充実を確かな感触として把捉しているにもかかわらず，自らの活動意識が活動遂行のうちに没入しているために逐一，その都度その都度の仔細な状況を意識化することができない。そのとき，私たちの自我意識は背後に後退していて，ただリアルな現在を実感するのみである。そして，ふと「我に返った」とき，私たちはつい先ほど経験した内容や状況を想起するといった具合である。精神集中の状態が弛緩され，「我に返った」とき，私たちは生の遂行の最中で経験したことを想起する。そして，その活動は完結するのである。

（2）頭足類身体とフロー体験

以上述べてきたことが本当にそうだとすれば，たとえば「時の経つのを忘れた」とか「ほんの一瞬の瞬間が引き延ばされて感じる」といった無我夢中の経験は，自己目的的なものと規定することができる。ここで，自己目的的経験とは，現在（自己）の外に何ら動機（目的や報酬）を持たず，それゆえ，自己の外へと急ぐことなく，自己の外に何の結果も残さない経験を意味するがゆえに，これをC. チクセントミハイの概念に倣って「フロー体験（flow experience）」［Csikszentmihalyi, 1975=1979：66ff.］と呼ぶことは許されよう。

無我夢中という「我を忘れる」経験の内実を精緻に分析する上で，フロー体験は有力な手がかりとなる。ではあらためて，チクセントミハイの言うフロー体験とは，どのようなものであろうか。彼によると，それは，「全人的に行為に没入している時に人（行為主体）が感じる包括的感覚」［同前：66］と定義される。すなわちそれは，実践主体が忘我状態にあることを意味する。

①生きられるフロー体験の分析

しかも,彼によると,行為主体(実践に居合わせる者)がこうした忘我(無我夢中)状態にあるときに感じとっている内的意識の様態およびその変容は,およそ6つの特徴から把握される［同前：69-85］。

すなわちその6つの特徴とは,次の通りである。

（1）行為と意識の融合
（2）限定された刺激領域への注意集中
（3）自我忘却,自我意識の喪失
（4）自分の行為や環境の支配
（5）行為が首尾一貫していて矛盾がないとともに,個人の行為に対する明瞭で明確なフィードバックを備えていること
（6）行為の自己目的的な性質

これらは,フロー状態にある内的意識を直示したものではなく,むしろその状態を可能ならしめる外的な条件や契機をランダムに列挙したものであると考えられる(これらは,あくまで外から分析したものなのである)。

では次に,フロー体験の構造を解明した須藤訓任の捉え方［須藤訓任,1987：214-223］を参照しながら,これら6つの特徴を統一的に把握することによって,フロー生成の機序を究明していくことにしたい。そのことによって,無我夢中という「我を忘れる」経験は,ある統一的な解釈をもたらされることになろう。

まず,これらの性質のうち,（3）自我忘却,自我意識の喪失は,フロー生成の機序を究明していく上での基軸となると考えられる。というのも,それは,行為主体が時間を意識によって操作し,制御することの不可能性――いわゆる計画的思惟の限界――を意味しているからである。行為主体が状況に生きられる存在でありながら,現在の状況に同化することなく,未来に定立された目標に向けて,すなわち意識を現在という状況から遊離させて現在を手段化することが可能であるかのようにふるまうことができるのは,自我意識の働きに基づく。ただし,この場合,行為主体は自我意識を未来へと遊離させながらも,それを現在に帰還させることを通して,自己同一的な意識(自己意識)を保持することができる(もし,意識が自己意識として現在に帰還し得ないとすれば,それは自己が自

己を忘却するという分裂的な状況を招来してしまうことになろう）。ただ，この特徴だけでは，フロー状態においてはなぜ自我意識が喪失されるのかについて定かではない。

その理由を究明する上で手がかりとなるのは，（2）限定された刺激領域への注意集中という特徴である。この場合，刺激領域の限定とは，行為主体が現在携わっている事象にのみ注意の鋒先を局所化させることであり，注意の集中とは，その限定された領域に多大の注意力を注ぎ込むべきことを意味する。つまり，行為主体は状況に居合わせるとき，意識を現在の状況へと没入させねばならず，万一それに抗して，状況を外から反省しようとするや否や——一定の固定した視点で主題化しようとすれば——，忽ち，状況の流れそのもの，あるいはその生動性（生き生きとした「いま＝ここ」）を見失うことになり兼ねない。

なお，ここで言う限定された刺激領域とは，状況そのものと言うよりも，その状況の中から抽出された一定のまとまりとしてのコンテクストにほかならない。それは，実践の過程に居合わせている行為主体にとっては実践遂行中に生き生きと開示されるものでありながら，それ自体，決して言語を通じて対象化したり言及したりし得ないものである。こうして，（2）の特徴は，行為主体が状況（コンテクスト）を外から反省する余地がなくなり，まさしくそれに意識を集中させる（没入させる）ことを意味する。

次に，（2）の特徴によってその成立根拠が明らかになった自我忘却，自我意識の喪失の観点から，（1）行為と意識の融合と（6）行為の自己目的的な性質が必然的に導出されてくる。つまり，まず（1）行為と意識の融合は，自我意識の変容（後退）に随伴する行為の意識に対する意識の止揚を意味する。すなわち，行為主体は，実践に没入している最中に，二重の視点を持つことはない。（すなわち）行為主体は彼（彼女）の行為を意識しているが，そういう意識そのものをさらに意識することはない。平たく言うと，行為主体は，自分自身行為しているという漠然とした意識はあっても，その行為意識がどのようなものかということについて意識することはほとんどない。行為意識についての意識があるとすれば，それはメタ意識と呼ばれようが，それは自我意識の変様したものにほかならない。自我意識は，「想像力＝時間・空間超出能力」の働きを介して自由に時間（過去や未来）を制作するだけではなく，自我意識についての意識についての……，すなわち意識についてのメタ・メタ……意識を制作し得る。ただし，（2）の特徴

から見て、行為主体は実践の最中にこうしたメタ意識を持つことはほとんどあり得ないであろうし、またあり得るとすれば、それは一連の行為の流れを見失うことになり兼ねない。たとえば、ピアノ演奏者は、鍵盤や楽譜に過度の意識を集中するとき、すなわちメタ意識を持つとき、演奏の円滑な流れが遮断され、ミスタッチを犯すことにつながるであろう。

次に、(6) 行為の自己目的的性質について考えていくことにする。一般に、計画・企画すること（計画的思惟）が成立可能である根拠は、人間の意識が現在の状況から遊離することにある。言い換えると、意識の遊離に生じる操作概念が「目的―手段」とその因果関係なのである。ところが、自我意識が喪失され、行為意識のみが働くコンテクスト的な知においては、こうした概念はもはや運用不能になる。それゆえ、(6) の特徴は、自我忘却によって「目的―手段」連関が破棄され、現在（自己）が現在（自己）へと充足され、自己目的的となる内的意識の様態を示していると考えられる。

こうして、(1) と (6) はいずれも、(3) 自我忘却、自我意識の喪失を、別の表現によって言い直したものであると考えられる（(2) は (3) の成立根拠を示すものである）。これに対し、(4) と (5) という諸特徴は、自我忘却、自我意識の喪失を (2)、(1)、(6) とは意識の異なるレベルから照射するものであると考えられる。あらかじめ言うと、チクセントミハイのフロー体験は、2つの意識レベルに分けることができる。

まず、(4) 自分の行為や環境の支配とは、チクセントミハイが述べるように、「積極的な支配意識を持っている」[Csikszentmihalyi, 1975=1979：78] ということではなく、「ただ支配を失う可能性に悩まされることがないだけである」[同前：78] ことを意味する。ここで「支配」というのは、すでにその消失が確認された自我意識による自分の行為や環境の制御・管轄ということではなく、それらと違和感なく融合・一体化することを意味する。つまり、このときの支配する主体は、自我ではなく、自己なのである。たとえ、自我意識が消失したとしても、「個人の身体や機能に対する意識」[同前：76] は存在し、それを自己を通して身体的な同一性を保持するものと考えられる。それでも、この言葉に釈然としないものを感じるとすれば、この言葉が身体的に覚知されたものを事後的に言語化したものにすぎないためである。

こうした「身」のレベルにおける支配感を持つことが可能であるのは、自分の

技能が環境の求めるところと一致していることに起因する。その意味において，（4）は（5）へと関連付けられる。つまり，（4）から見て（5）は自分の行為や環境の支配を実現していくための条件となる。言い換えると，行為者が状況内において「すべてがうまくいく」——なおかつ，そういう「身」のレベルでの支配感を持ち得る——ためには，その状況を的確になおかつ瞬時に——全体的に——把握し，何をどうするべきかを身をもって知らねばならず，そのためには暗黙知を体得していることが必要になる。それが（5）で言うところの，無矛盾的でなおかつ確実で円滑な帰還回路（feedback circuit）を内蔵した行為の内実なのである。こうした行為の体得とは，「人（行為主体）はいつでも何をなすべきかを知っている」ことであるが，ここで「知る」とは，言うまでもなく，自我意識を通して知ることではなく，身体（からだ）で知るということである。つまり，「すべてがうまくいく」ためには，自我意識の喪失，すなわち我を忘れるとともに，それに呼応して身体がより一層——自我意識が働いていたとき以上に——，想起され，稼働されることが必要になる。

　前述したように，フロー時の状況を後で意識的に再現することが困難であるのは，（4）と（5）の特徴から理解できるように，意識の統合中枢が自我意識から身体意識へと逆転するためである。その意味において，自我（自我意識）の忘却，すなわち「我を忘れる」ことは，身体の想起，すなわち身体が覚醒することを意味する。

　以上の（1）～（6）を図示すると，図4-1のようになる（図そのものがフロー体験のメカニズムとなる）。

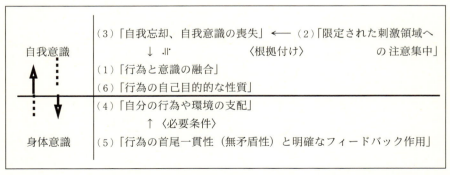

図4-1　フロー体験の構造（自我意識から捉えた特徴と身体意識から捉えた特徴）

②**身体意識の覚醒としてのフロー体験**

「現存在に属する根源的な忘却の地の上で，また，それを根拠にして初めて，〈想起〉は可能となるのであって，その逆ではない。」[Heidegger, 1975：412]。あるいは，「忘却（の空白）こそがまず基礎としての地」[戸井田道三, 1984：33]なのである。つまり，フロー体験では「すべてがうまくいく」ために必要不可欠な事柄（成すべきこと）は，身体によってすべて想起されるが，しかもそれは，基底（其処）としての忘却によって支えられているのである。すなわち，基底としての忘却は，身体意識の地（成立背景）となって稼働しているのである。そしてそれは，「我を忘れる」フロー状態のとき——自我意識が後退するとき——，より一層稼働することになる。しかも，この基底としての忘却には「それ自身を忘れるという性格がある」[Heidegger, 1975：411]ことから，フロー状態における行為（経験）は，幾度となく創造的に反復されることになる。というのも，そうした行為は，「忘れたことを忘れる」という，忘却の有する二重否定の構造に基づくからである。これに対し，〈私が忘れる〉という忘却は，陥没としての忘却とでも言うべきもので，自我意識という特定の枠組みでの欠如という意味しか持たない。

こうして，フロー体験とは，自我意識をはじめ，フロー状態を攪乱し兼ねない諸要素をことごとく取り払う（＝忘却する）とともに，自我意識の基底に働く身体意識（脱自我化した意識）——暗黙知——をより一層稼働させ，身体を状況（コンテクスト）のうちに没入（潜入）させていくプロセスそのもの（生）だと規定することができる。こうした生の遂行の最中，自我はからっぽになるまで我を忘れ去ると同時に，身体を十全に想起させ，稼働せしめるのである。その意味で身体は忘却の器であると同時に，身体は記憶の砦なのである。

ところで，市川浩は，「我を忘れる」訓練を通して技芸（暗黙知）を体得した身体のことを「精神としての身体」[市川浩, 1975：114ff.]と名付けた。この点については，ドレイファス兄弟がエキスパート・システム構築の理論的立場から，いわゆるエキスパート（熟練者）と呼ばれる実践者は，技芸（暗黙知）の体得を通して分析的な思考と全体的な直観を一つに統合した「熟慮的合理性」[Dreyfus, H. L. & Dreyfus, S. E., 1986=1987：66ff.]を持つことを指摘している。また，野村幸正は認知科学の立場から，熟達者は，熟練を通して認知系と行動系の協応以上の高次の技芸（暗黙知としての勘）を持つことを指摘している

［野村幸正，1989：110-113，129-131］。これらの知見はいずれも，観点の違いを超えて高度な知的修練を体得した実践者が，意識の介入をほとんど必要とせず，身体の自動機制を通して状況に対処していく術を知っていることを表現している。

このように，選択の余地がないほど，身体の諸部分同士の連携が自動機制されていること，すなわち拘束されていることは，まったく逆説的なことでありながらも，行為主体にとって最大の自由となり得るのである。ハイジャンプを跳ぶ名選手にとってお決まりの跳び方，そして，的を射貫く弓道家にとってお決まりの射貫き方——いわゆるお決まりの身体の使い方は，自動機制されたものという意味で「拘束」であるにもかかわらず，それは"これしかない"，"これ以外の選択肢があり得ない"という意味で「最大の自由」となるのである。その道のエキスパートにとって一見，不自由の何物でもないように見えて，選択の余地のない自動機制としての「拘束」こそ，最大の自由をもたらすのである。

3．生きられる頭足類身体としての遊び

さて，生きられる頭足類身体の様相を，前節では，私たちが何らかの対象や事象へと没入・融即する無我夢中の状態およびフロー体験として示したが，これ以外の事象として遊びを挙げることができる（ここで言う遊びは，子どもの遊びだけでなく，大人の遊びを射程とする）。J.アンリオを引き合いに出すまでもなく，遊びは，そもそも我を抜かした脱我的なものであり，遊ぶ「主体」が存在しない。こうした遊びの様相をあるがままに捉えたものとして，西村清和の遊びに関する定義を挙げることができる。

西村によると，「遊び」は，仕事・議論・学習，総じて「企て」との差異において鮮明な形で規定することができると言う［西村清和，1999：28-30］。

ここで「企て」とは何かと言うと，それは，その都度何らかの目的やプランを設定し，その実現に向かっていく行動のことである。つまり，「企て」は，未来に目的およびそれを具体化した目標をあらかじめ設定した上で，その目的・目標に向けて現在の活動を手段化する合理的なものであり，極めて近代的な営みである。その結果，企ての場合，何かの目的・目標や計画を実現するために，（企てに参与する）個人と個人の関係は，常に緊張状態に身を置くことを求められる（そのことは，個人単位の企てであっても同様である）。

IV. 生きられる頭足類身体　51

　これに対し、「遊び」は、自他未分化の状態もしくは自他の区別が曖昧な状態の中で遊び手同士のあいだに成立する同調関係に身を浮遊させる活動である［同前］。つまり、遊びとは、一定の行動を遊びと規定する、ルールを順守した上での、浮遊と同調の活動となる。したがって、遊びの関係にあっては、個々人は遊びの同調関係に応答する、相互に交替可能な項、すなわち、ルールを介しての相互に役割交替可能な関係であり、よって互いに等価な項と項との関係でありさえすれば十分であり、個人への実存的負荷は免除されている（そのことは、個人単位の遊びであっても同様である）。遊び手に唯一求められるのは、一定の活動を遊びと規定する遊びのルールにしたがうことだけである。遊びを労働や学習への準備だと捉える立場、すなわち遊びの生活準備説は、こうした遊びの本質を無視して、遊びを企てから捉えていることになる（遊びの教育的意義や遊びを通しての人間関係など、遊びの教育効果を追求する場合は企てになる）。
　以上述べてきたように、遊びは、企てとは異なり、遊び手同士が単なる項と項の交代可能な関係から成り立ち、その意味において、自他未分化の状態、もしくは自他の区別が曖昧な状態に身を同調（浮遊）させる活動であることが明らかになる。
　普段、私たちは、子どもに向かって「よく遊べ」と言うように、本来、それ自体、自発的な活動である遊びを真剣に遊べと言うように、他律的に捉えてしまっている。こうした遊びの捉え方は、前述した遊びの生活準備説のように、遊びを大人になることの準備を始め、何らかの目的に向けての手段に貶めてしまう。むしろ遊びは、企てとは一線を画して、純粋に自発的かつ自己目的的なものであり、したがって脱我的なものであることを再認識する必要がある。ただ救いなのは、こうした遊びの手段化・他律化とは一切関係なく、我を忘れて、いわば無我夢中に遊んでいる人間は――子どものみならず、大人でさえも――、頭足類身体を生きられているということである。私たちは遊びをどれだけ反省的に捉えようと、遊んでいるとき、それはただひたすら、遊ぶ渦中にあるのであり、その渦中では脱我状態および自他未分化の状態に浮遊しているのである。
　なお、こうした遊びに類似した活動として、「になる」、または「になってみる」といった、自分の内部感覚をイメージする（＝なる）対象の内部感覚へと一致させる求心的身体感覚法があるが、これは、3歳未満の生きられる頭足類身体の「私は他の何かになる」という原論理と同じである。したがって、この、「に

なる」という求心的な身体感覚の実践は，頭足類身体の原論理を意識的に再現したものであり，両者の違いは，端的に生きられるか，それとも，意識的に再現されるかにある。意識的に再現する「になる」実践は，心理療法の１つであるイメージ療法において活用されている［田嶌誠一，1992］。

V.
スキゾイドの頭足類身体
——引き裂かれた自己

1. スキゾイドの頭足類身体の世界
（1）まなざしの相克とスキゾイド
　一般に，私たちは他者を見ると同時に，他者に見られる存在である。私たちが他者を能動的に見るのは，他者から見られることにおいて成立しているのである。こうした「見る─見られる」，すなわち「能動─受動」の相互性こそ，まなざしの力学である。

　ところで，Ⅰ章で述べたように，自らの存在を「形あるもの」にしようとする私たちは，鏡の中の自己（自分の像）を他者のまなざしにも晒される「見られる自己」として定立せざるを得なかった。私たちにとって自己は他者たちと同列に置かれてしまうのだ。否それどころか，私たちは他者から見られること，すなわち他者のまなざしを通して自己存在そのものを奪われ，他有化されてしまうかもしれない。このような他者のまなざしとは，睥睨した人間を石化してしまう，ギリシャ神話のメドゥサに譬えることができる。

　こうして，私たちの自己は，相手を石化させようとする，他者のまなざしの相克の渦中において絶えず自己崩壊の危険に晒されているような，本質的な危うさを持った存在であることがわかる。だからこそ，こうした存在論的な危うさを抱え込んだ私たちの自己は，その極限状況の中でさまざまな心身的な病いや狂気を発現するのである。本来，自己とは，他者との相克的なかかわりの中で存在しているのが常態であることから考えて，心身的な病いや狂気と正気との差異は，程度の違いにすぎないことになる。むしろ心身的な病いや狂気にこそ，極限的な形であるにせよ，本質的な危うさを抱え込んだ私たちの自己のあり方があるがままに立ち現れてくるのではないかと思われる。というのも，心身的な病いや狂気に陥った人たち，特にスキゾイドは，「私は私である」と平然と嘯くことができない類の者たちだからである。

(2) スキゾイドの生の戦略

ところで,精神科医のR.D.レインは,スキゾイドの患者たちが,他者とのまなざしの相克の中で自己崩壊の危機に陥りながらも,そこから何とか自己自身を救い出そうとして,自分なりの実存様式を選択していった様子を克明に描写している。事例は,スキゾイド患者のピーターが選択した自己救済の方法を,彼自身の有する「身体像＝自己像」に焦点化しつつ見ていくことにする [Laing, 1960=1971：174-182]。

レインによると,ピーターが見られることにこだわったのは,自己自身は何者でもない (nobody) ――身体を持たない (no-body) ――といった,ピーターの根底にある感情から自己を取り戻す試みであった。ところがピーターは,この特異な不安(存在論的な不安)に自己を適応させるもう一つの方法を発見した。そこにはまさに正反対の利点と欠点があった。彼が他者と交わりながら自己自身であり得るのは,他者が彼のことを何も知らない場合に限る,と彼は考えたのである。

身体は明らかに,私と世界との中間の両義的な移行的位置を占めている。一方でそれは,私の世界の核心であり中心である。また他方で身体は,他者の世界の客体である。ピーターは,他の誰かから知覚され得るもので彼に所属しているものなら何でも,自己から離断しようとした。ピーターは,世間の要請に応じて形成されてきたものでありながらも,いまや内的自己から離断しようとしているところの態度・野心・行動などの布置全体をピーターは否認しようと努力した。そのことに加えて,彼は自分の存在全体を非存在なものへと還元しようと企て始めた。彼はできるだけ組織的に無になることにとりかかった。「自分は何者でもない,自分は無である」という確信のもとに,彼は誠実でありたいという恐ろしい観念によって,無であるべく駆り立てられた。何者でもないのなら,何者でもないものにならねばならない,と彼は考えたのだ。無名 (アノニマス) であることは,魔術的にこの確信を事実に変える一つの方法であった。

彼は,自分が何者でもなく,あることを自らにもっと容易に信じさせる条件を作り出しつつあった。彼が身体において,あるいは身体を通して生きないことにより,何者でもなくあろうとして以来,彼の身体は,ある意味で死せるものとなったのである。

ピーターを典型的な事例とするスキゾイドの描写の中でまず注目されることは,

存在論的な不安に自己適応させるべく発見した方法には正反対の利点と欠点が同居しているということである。まずその利点とは、その方法によって彼は、他者から見られること、すなわちメドゥサとでも呼ぶべき他者のまなざしから自己自身を防御することができるという点である。これに対し、その欠点とは、そのことの代償として彼は、他者から知覚され得るもので彼に所属するものなら何でも、自己から離断しなければならないという点である。ここで内的自己から離断しなければならないものとは、彼が抱いている態度・野心・行動などだけではなく、自らの存在全体なのである。

　そのことだけを見ても、ピーター自身の自己救済の方法の場合、欠点のほうが利点をはるかに上回っていることがわかる。その証左は、彼の次の言葉に言い尽されている。「私はいわば死んだも同然であった。私は自分自身を他の人々から切り離して、自分自身の中に閉じこもるようになった。あなたもこうすれば、いわば死んだようになることうけあいだ。あなたは世界の中で他の人々とともに生きなければならない。そうしなかったら、何かが内部で死ぬ。それはおろかに思える。私はそのことが本当にはわからなかったが、それに似たことが起こったようだ。奇妙なことである」［同前：182］、と。

　それでは、ピーターの自己救済の方法とは、どのような論理に基づくのであろうか。その論理を解明していく上で、レインの主要概念群とそれを表した図5−1［同前：106］が手がかりになる。

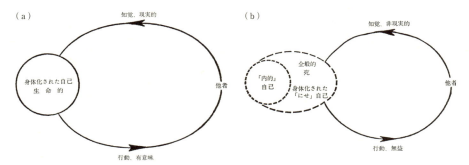

図5−1　2つの自己と他者関係

まず，図5-1（a）に示されるように，私たちごく普通の人々は，身体と統合された自己——「身体化された自己（embodied self）」——を介して，実在の事物や他者と有機的，有意味的に相互にかかわり合っている。私たちから見て，他者とのかかわりによって生み出される知覚世界はすべて，「現実的」であり，他者にかかわる自己そのものはリアリティを持っている。「世界ならびに自己の実在性は自己と他者とのあいだの直接的関係によってたがいに強化される。」［同前：107］。さまざまな葛藤を含みつつも，両者はいわば好循環のうちにある。

　ところが，他者のまなざしに翻弄されるスキゾイドは，「自己―他者」関係のそうした好循環が成り立ち得ず，まったく反対に，図5-1（b）に示されるような悪循環に陥ってしまう（対人関係の病いとは，あくまで自己と他者の「あいだ」の病いなのである）。この悪循環の構造について述べると，まずスキゾイド（ピーター）は，他者が自己の中へと侵入してきたり，他者のまなざしが自己を石化したりするのではないか，といった存在論的不安のために，そのことから必死に自己を守ろうとして自己を隠蔽する仮面（ペルソナ）を作り出してしまう。この仮面こそ「にせの自己（false-self）」なのである。図5-1（b）にもあるように，彼から見て他者とのかかわりによって生み出される知覚世界はすべて，「非現実的」であるだけでなく，他者にかかわる自己そのものがまやかしにすぎない。だからこそ，「にせの自己」の核心であり他者に触れるところの接点——〈私〉と世界との中間の両義的な移行的位置——となる身体（汚れた私自身）は，まるでトカゲの尻尾切りのように，彼自身によって切り離されていくことになる。ここまでが「他者と交わりながら自分自身でありうるのは，彼らが彼（自分）のことを何も知らない場合にかぎる」とピーターが述べたことの意味である。ペルソナとしての「にせの自己」を作り出すことで自己防御を行い，他者と触れる接点としての身体を切断することがピーターの言う自己適応策の利点なのである。

（3）真の自己と純粋意識への逃亡――頭足類身体への退行

　それでは，こうした利点によって他者の脅威を免れた「自己」は，一体どこに行ったのであろうか。そのことはもはや明白である。つまり，「身体化されたにせの自己（embodied false-self）」を切り離した「自己」は，自己の内面，もしくは内奥へと向かって行ったのである。それはまさに「内的自己」，もっと言えば

「身体を持たない」もしくは「身体を欠落させた」,「純粋意識」(＝あるがままの私)と呼ぶのがふさわしい。レインの概念で言うと,「身体化されない自己 (unembodied self)」[同前：83] である。

一般に,内面へと向かう自己と言えば,すでに述べたように,何かに思考や意識を集中させたり沈潜させたりすることを指すが,この場合のそれは,あくまで他者からどこまでも逃れようとして,自ら純粋意識と化し,自分だけの内面世界に閉じこもってしまうものでしかない。それはまさに自己の,内面または内奥への逃避行なのである。その結末がピーターの症例に示されるように,自己存在そのものの非身体化(非存在化＝無化)であり,自ら何者でもない「無人(nobody)」になること,または「無名であること」である。

しかしそれでも,ピーターの場合,身体を死せるものとする代わりに,「無人」として生きることができるようになったというようにも受け取ることができる。一般的に言うと,このスキゾイドは,自分の内面だけを死守するために,他者とのかかわりや(それを介した)世界とのつながりを一切断ち,純粋意識へと自己逃亡を図ることによって,万事うまくいったように見える。

しかし,本当にそうなのであろうか。この点については前述したように,ピーター自身,自分自身の中に閉じこもるようになることが死んだようになることうけあいであるとか,他の人々とともに生きなければ,何かが内部で死ぬという主旨のことを証言している。ただ,その明確な答えは他の症例(たとえば,ディビット)の中に示されている。

結論だけを述べておくと,「にせの自己」を切り捨てることまでして死守しようとした「内的自己」とは,非現実的な想像力によって作り出されたものであるため,その内実がまったく空虚なものであり,したがってそれは切り捨てたはずの「にせの自己」によって取って代わられてしまうしかない。しかも,「にせの自己」は,自己から切り離されたものという性格からみても,それはまったく実体を持たないものである。そのためそれは,他者によって容易に操作されてしまうものとなり,結局,スキゾイドの「内的自己」は,他者の思い通りになってしまうのである。このとき,スキゾイドに残されたものと言えば,ただ自己の解体のプロセスのみであろう。それはすなわち,分裂病質(スキゾイド)から精神病としての統合失調症への道である。

さらに,こうしたスキゾイドの自己認知の特徴として瞠目すべきことは,この

人たちが共通に持つ身体像である。この点について W. ゴーマンは，次のような興味深い見解を述べている。「胴体がなく手足が頭部領域から出ている絵は四歳以下の子供たちに共通してみられるが，しかし成人がそのような絵を描く場合には，極めて顕著な幼児的退行を伴う精神病の指標として受け取られる」[Gorman, 1969=1981 : 166]，と。

たとえば，その具体的な事例として，図5－2のように，中世の画家，H. ボッシュが描く奇怪な絵画が見出される。図5－2は＜最後の審判＞の一部を切り取ったものである。

図5－2　スキゾイドの描く「頭足類画」的絵画（ウィーン美術アカデミー付属美術館蔵）

絵画に表されるように，それは，人類の美術史上に出没する「頭足類画」的イメージである。これ以外にもたとえば，有名なところでは，M. エンデ著『はてしない物語』第19章には，野草を常食とし，定住の地を持たず，細長い2本の足の上に頭が乗っかっているだけで，胴も腕もない頭足族なる種族が登場する。無人に関する民話的考証［楜澤厚生，1989］は少なくない。こうした人物描画を作り出す成人とは，恐らく，自分のボディが自分のものとして感じられないで，1個の十全な自己意識が形成されていないか，あるいは解体して退行現象を起こすかして，無人称または原人称の段階，いわゆる≪nobody≫（誰でもない者）の段階にいるものと考えられる。その段階に留まることは，「頭足類画」的イメージの発生につながっていることは言うまでもない。

こうして，スキゾイドの自己は，「見る―見られる」といった，いわゆる他者からのまなざしから「真の自己」を守るために，「にせの自己」をトカゲの尻尾切りのように捨て去り，「真の自己」を内奥へと逃亡させ，純粋な意識と化すこ

との結果，図 5 - 1 （b）で見たように，「身体化されない自己」（「胴体なし (no-body)」）は頭足類身体と化したのである。スキゾイドが自己救済の手段として選択した頭足類身体は，3 歳未満の頭足類身体への回帰であり，精神病理学でいうところの「退行」に相当する。しかも，スキゾイドの狂気は，3 歳未満の自他未分化の状態での「気」の狂いである。だからこそ，スキゾイドはテリトリー（縄張り）意識が不分明なことから他者と諍いを起こすことになるのである。スキゾイドや統合失調症患者にとって自分自身のテリトリーへの他者の侵入が我が身を脅かすように感じられるのは，この精神疾患が 3 歳未満の頭足類身体における自他未分化の状態において起こるからなのだ。したがって，スキゾイドおよび統合失調症は，文字通り，対人関係の病として発現するのである。

2．統合失調症の頭足類身体と否定妄想

次に，統合失調症に顕著な妄想，特に否定妄想が 3 歳未満の頭足類身体の原論理といかに類似しているかについて事例を挙げて述べることにする［笠原嘉・須藤浩，1976：193-213］。繰り返し強調すると，統合失調症（スキゾイドも含む）は，3 歳未満の頭足類身体における自他未分化の状態での対人関係の病いなのである。

　　巨大観念。
　　私は超人です。何でもできます。このコンクリートの壁もガラス窓も通り抜けることができます。自分が大きくなって万物の中に入ってしまって万物と区別がつかない。自分がひろがって宇宙が自分です。自分の苦しみは宇宙の苦しみです。宇宙と言うと限りがあるみたいに聞こえるかもしれませんが，自分は限りなく大きいのです。そして人間の苦しみを全部自分が引受けてしまって，人々がすっかり苦しみから解放されている。また人間だけの苦しみでなく，万物共通の苦しみを背負っているんです［同前：202］。

　　否定観念。
　　高校三年生の夏から性別もなくなりました。体はありません。内臓もありません。体がないから物に触れると言うことがないんです。親もありません。家もありません。

言葉がないので誰とも通じません。名前をよばれても自分がないので返事ができません。感情がありません。見るとか聞くとか判ると言うことがないのです。私には何々している状態というものがありません。時間とか距離もありません。有ると言うことがそもそもないのです［同前：200］。

　憑依観念。
　高一の頃から自分自身の存在がはっきりしなくなり，自分ではない力が自分をしゃべらせたり動かしたりした。自分の行動の一つ一つが動かされて嫌だった［同前：202-203］。

　このように，3歳未満の頭足類身体へと回帰する統合失調症の人たちは，巨大観念，否定観念，憑依観念といった妄想世界を生きられることになる。3つのタイプに共通しているのは，自己と他者／世界の境界が溶けてしまい，いわゆる液状化してしまうことである。ただ，自己の境界の液状化，もっと言えば，病的な自他未分化の状態がどのように起こるかによって，二次的にこれら3つのタイプに分かれることになる。あるいは，頭足類身体の原論理，すなわち，「私は私でありながら，私は私ではない。私は他の何かになる。もっと言うと，私は何にでもなれる。」のどの部分を強調するかによって説明することができる。つまり，巨大観念であれば，私が宇宙にまで肥大化することになり（＝「私は何にでもなれる。」），否定観念では私がすべてなくなってしまうことになり（＝「私は私ではない。」），憑依観念では私が何者かによって操られることになる（＝「私は他の何かになる。」）。憑依観念については説明を要する。憑依は私が何かに憑かれる状態を指すが，この場合，私は私であって，私ではない，すなわち他者（何者か）であり，その何者かが私に言動を起こさせることになる。その意味では，私は他の何者か，実は，私から分離したもう一人の私によって突き動かされるわけである。
　これら3つのタイプのうち，典型的な妄想は，否定観念（否定妄想）である。前述した否定観念の述懐からわかるように，私に関する属性が次々と消失していき，最後には自分の存在自体もなくなってしまう。東久部良がいみじくも述べるように，「論理における否定概念と身体の実質的否定の間には相関関係が存在する。」［東久部良信政，1978：89］のだ。とりわけ，「否定の概念の出現と身体と

の相関が深化されたもの」[同前：49] こそ，統合失調症におけるこの否定妄想なのである。そして否定妄想は，「生きているのに死んでいる」と思い込む「コタール症候群」へと行き着くのではなかろうか。コタール症候群の場合，その当人は墓場に行けば安心するといわれている。当人はすでにゾンビと化している。その様相はまるで昆虫の動きが鈍くなった寒い時期（冬），昆虫に寄生して栄養分を吸収し尽くし，暖かくなってから芽を出す冬虫夏草のようである。これ以外にも，「カプグラ症候群」がある。これは，別名「ソジーの錯覚」や「ソシアの錯覚」と呼ばれるもので，自分にとって身近な人が瓜二つの別人に入れ代わってしまうという妄想を抱く精神疾患である。前述したように，カプグラ症候群は，「あなたは私の妻ではない」というように，身近な存在にして唯一の他者である家族の誰か（たとえば妻）に理由を述べることもなく，ただ偽物だと否定する病気である。

このように，コタール症候群は身体（胴体）の虚無化そのものであるが，自分の存在を否定する否定妄想が他者へと向けられるとき，それは，カプグラ症候群になるのではないか。

3．3歳未満の頭足類身体と統合失調症質の頭足類身体の関係
　　——プロタクシスとパラタクシス

　筆者は，3歳未満の頭足類身体へと病的に回帰する病いは，統合失調症であり，その典型的な症状が，自己の境界の液状化，滑り落ち，メルトダウンであり，自己の他者／世界への流出であり，究極的には，自分の存在の否定であると考えている。あるいは，このように病的な頭足類身体は，統合失調症を契機としなくても，麻薬や覚醒剤を使用するなど何らかのきっかけで自己と自己以外のものが溶解（融解）することで，内界（私性）と外界の区別が消失・消滅する可能性がある。

　一般に，統合失調症，または統合失調症質（スキゾイド）は，主体の統合力が著しく衰退するときに生じる。正確に言うと，主体の統合力が著しく衰退すると，統合失調症の多様な言語的症状が生じることになる。つまり，通常のコミュニケーションで中心的な役割を果たしている「統合する」力が衰えると，究極的に言語の解体と自己の解体，すなわち統合失調症の症状として知られる特徴と一致し

た症状が生じるのである。正常・正気と異常・狂気とは，コインの裏表のように張り付いており，しかも両者の境界は単に程度の差にすぎないことから，私たちが何らかの契機で統合力を失い，異常・狂気の世界に入り込むことは，何ら不思議なことではないのだ。

　ところで，人間の主体の統合力について，精神医学者，H. S. サリヴァンは，記号の発達過程論を提示することを通して解明している。サリヴァンによると，「その三つの態様とは，プロトタクシス的 prototaxic，パラタクシス的 parataxic，シンタクシス的 syntaxic（models）の三つである。……この三つの態様は本来的に事象の"内的"加工 elaboration にかかわるものである。……この三つの態様の差異は，個人の，事象との接触が，それにつづいて受ける加工の量と質の違いとにある。」［Sullivan, 1953=1990：33］。

　ここで筆者がなぜ，サリヴァンの統合力に関する3つのモードを取り上げたのかと言うと，それは，プロトタクシスという原始的，初期発達的モードと，パラタクシスという病理的モードが，各々3歳未満の頭足類身体と，その頭足類身体が回帰する統合失調症の病理的な頭足類身体に対応していることに気付いたからである。シンタクシスは，正常な大人の主体の統合力のことを意味することから，とりわけ，プロトタクシスとパラタクシスの関係が重要になる。

　順次，各々の特徴を見ていくことにする。

　まず，「プロトタクシス的態様」とは，原始的態様における体験であり，未分化な全体性の体験である。それはまた，生まれたばかりの赤ん坊が体験するように，全感覚的な生物体の，環境との相互作用に関連した瞬間ごとの状態の離散的（非連続的）系列と見なすことができる。

　次に，「パラタクシス的態様」とは，未分化な全体性の体験がその各部分，相異なる側面，異なる種類の体験が，場合によって偶然一緒に起こったり，起こらなかったりするような体験である。ただ，この場合，体験する主体（幼児）の中で論理的に関連付けられず，結合されることもない。言い換えると，この体験では，さまざまな体験が互いに共起的に生ずると感じられるだけであり，何らかの秩序にしたがって諸体験が結合しているという認識が未だ欠落している。この体験は，そのとき限りの関係のない，さまざまな存在状態の束と見なされる。

　このように，個体発生の見地から「パラタクシス的態様」を理解することは困難であるが，それを系統発生の見地から理解することはそれほど難しいことでは

ない。科学哲学者，P. K. ファイヤアーベントは，アルカイックな絵画様式が「並列的集合体（paratactic aggregate）」であることを具体的事例によって示している。すなわち，「ライオンに半分呑み込まれている子ヤギの絵がある。ライオンは獰猛に，子ヤギは温和に見え，そして呑み込む行為は，ライオンであるものと子ヤギであるものの表現に単純に付け加えられている。われわれは並列的集合体と呼ばれるものに出会っているわけである。すなわちこうした集合体の要素はすべて同等の重要性を付与されており，それらの間の唯一の関係は継起であって，どんな階層もなく，どんな部分も他の部分に従属しているものとして，あるいは他の部分に決定せられたものとして表されることはない。絵は読まれている。すなわち，獰猛なライオン，温和な子ヤギ，ライオンが子ヤギを呑む込むことだ」[Feyerabend, 1975=1981 : 318]，と。

つまり，この3つの要素は，並列的かつ対等に存在しているのであって，「従属的体系（hypotactic systems）」[同前：320] ではないのである。この知見は，私たちにとって理解が困難な幼児に特有の，記号体験の「パラタクシス的態様」を示唆していると言える。あるいは，それは，ラカンの言う「ばらばらに寸断された身体像」と重ね合わせることができる。

最後に「シンタクシス的態様」とは，記号（特に言語）に基づいてさまざまな体験を意味付け，秩序化する体験である。このタイプの意味や秩序化は，人間同士の合意によって確認され承認された象徴活動となる。

こうして，サリヴァンの定式化する，「プロトタクシス」→「パラタクシス」→「シンタクシス」という記号発達とは，「統合力」の発達にほかならない。シンタクシス的態様に到達した成人であっても，統合失調症に陥ることによって，それ以前の発達段階の，パラタクシス的態様，さらにはプロトタクシス的態様に退行（回帰）することになると考えられる。

ところで，パラタクシス的態様やプロトタクシス的態様に退行（回帰）すると，すなわち統合力が衰退すると，どのような事態になるのか。もっと言えば，それが衰退した人物から見ると，どのような世界が立ち現れてくるのか。つまりそれは，本来，「図」として位置付けられるべき私的なコンテクストから生じる私的な連想関係が「地」としての社会的習慣的なコンテクストから生じる社会的習慣的な連想関係との関係を見失って，「地」と「図」の区別のない全体を支配してしまうことになると思われる。そのため，安定した社会的習慣性から孤立して，

人間は自己を支えるものを見失った不安を感じ，その不安が周囲に対する漠然たる不信感を生み出す。それは，統合失調症患者特有の被害妄想となって発現する。すなわち，その症状は，記号（イコン・インデックス・シンボル）の私的な連合関係が突出して社会的習慣的連合関係との統合が不能になったことに起因する。また，メタファーが衰退して，字義通りの意味にしか解釈できないのは，メタファーにおいて関係付けられるべき2つの連辞の視点が固着してしまい，連合の軸における社会的習慣的連想との統合によって結ばれることができなくなるためであると考えられる。さらに，「言葉のサラダ」といわれる症状は，連合の軸における統合が衰退して，私的連想が連辞化して，一見して何のつながりもないような言葉がつながって出てくるためだと考えられる。いずれのケースも，人間にとって荒涼たる心象風景であることが理解されよう。

　前述したように，筆者はこれまで，一般に解離性障害といわれている精神疾患について研究をしてきたが，統合失調症が自己と他者／世界とのあいだで起こる自他未分化の状態の病い，したがって気の病いだとすれば，こうした自他未分化の状態の病理がベースにあって——つまり，一次的なものとして——解離性障害が起こるのではないかといまは捉え直している。解離性障害は，「見る自己／見られる自己」という自己の離隔と二重性の病いであるが，そのことはまた，解離が3歳未満の頭足類身体における自他未分化の状態をベースに起こる精神病理であると考えられる。

結語

　本書を通して述べてきたことを次に要約しておきたい。
　1つ目は，頭足類画が幼児によって描かれるメカニズムについてである。そのメカニズムとは，「ばらばらに寸断された身体像」の状態にある幼児が，鏡像段階を通して鏡に映る他者の身体（鏡像）を自己の身体だと見なし，その鏡像へと自己逃亡を図ることで「I＝me」というように，可視的な身体を入手し，視覚的レベルでの自己統合を行いながらも，それ以前の不可視の「I」が「I」を自己迎接しようとする，こうした両者の鬩ぎ合いの結果，生み出された所産である。簡潔に言うと，頭足類画は，幼児における「I＝I」から「I＝me」への跳躍，そのことを受け入れつつも，不可視のあるがままの私へと立ち還ろうとする揺れ，すなわち「I＝me」から「I＝I」への揺り戻しを示すものなのである。なぜ，一旦，手に入れたはずの可視的な身体で安定せず，元の不可視の身体へと戻ろうとするのかと言うと，その理由は，獲得したはずの可視的身体が視覚的レベルでの身体像の所有でしかないということ，そして，この可視的身体が自己だけの所有物ではなく，他者のまなざしに曝されることで，他者の所有物になり得るということが考えられる。
　2つ目は，3歳未満の生きられる頭足類身体が持つ特有の原論理についてである。この頭足類身体は，「私は私でありながら，私は私ではない。私は他の何かになる。もっと言うと，私は何にでもなれる。」という「Ⅱ型：非日常私性　P∧〜P　真（絶対真）」の私性の論理に該当する。こうして，生きられる頭足類身体においては，「私が私であると同時に，私ではなく，私以外の何ものにでもなることができる。」がゆえに，この頭足類身体は「木」や「花」でも，「ロボット」や「ヒーロー」でも，自由自在になることができるのだ。しかも，この「P∧〜P」という非日常私性は，古代ギリシャのエレア学派のパルメニデスの論理や形而上学的世界に通底している。

3つ目は，私たちが3歳未満の生きられる頭足類身体をベースに，十全の認知と感情・自己感情を身に付けてきたということである。3歳以降の私たちは，3歳未満の頭足類身体を生きられないにもかかわらず，我を忘れて無我夢中になることを経験することがしばしばある。こうした無我夢中の状態は，生きられる頭足類身体の「何ものかになる」という体験に近い。これに類する活動として遊びや「になる」実践が挙げられる。特に，「になる」ことは，3歳未満の頭足類身体の再現と言うべきものである。

　4つ目は，頭足類身体の精神病理学についてである。私たちは，常に他者のまなざしとの相克の中で生きているが，なかには他者のまなざしに基因する存在論的不安定性によって，統合失調症質（スキゾイド）を呈する者がいるが，実は，スキゾイドは，3歳未満の頭足類身体の自他未分化の状態への回帰（退行）なのである。したがってそれは，「気」の狂いとなって発現する。しかも，スキゾイドは自己救済の方法として，日常，他者とかかわる肉体を持つ自己を「にせの自己」だと見なし，トカゲの尻尾切りのように，自己から切断し，その一方で真の自己は意識の内奥へと逃亡して純粋意識と化す。ただ，こうした「自己逃亡＝自己救済」の戦略は，他者からの侵入によって失敗せざるを得ず，精神病（狂気）への道と至ることになる。

　繰り返し強調すると，人間の場合，脳が十全に発達する前に出産されざるを得ないため，生まれたときの乳児は「ばらばらに寸断された身体像」の状態にあり，それを一時的に解決するために，鏡像段階を通して視覚的レベルでの「身体像＝可視的身体としての自己」を獲得するが，それでも3歳までは頭足類画からわかるように，依然として胴体（肉体）を所有しないまま，自他未分化の世界を生きられることになる（正確には，この世界を生きられる渦中で他者と出会うことになる）。見方を変えると，自他未分化の状態での他者との出会いを実現するために，私たち人間は生まれてから3年間（正確には，他者を発見してからの2年半）をも要することになるのだ。この代償は決して小さくない。というのも，私たち人間は，ヒト（動物）としての第一歩を踏み出すまでに3年間を費やすわけであり，それだけ，ヒトとしての自立が遅くなるからである。この3年間は，養育者をはじめ，他の人間によって手厚くケアされるといっても，動物的に成熟するのにあまりにも時間がかかりすぎるのではなかろうか。

　ただ逆説的なことに，3歳未満の頭足類身体こそ，あまりにも人間的な特性を

有しているのであって，もし，この3年間がなかったり，短縮されたりするとしたら，今日のような文明や文化の繁栄はなかったであろう。今日，人間に代替し得るものとしてAIやシンギュラリティ（技術的特異点）が話題になっているが，AIおよびそれをベースとする人工物が3歳未満の頭足類身体を持たない（経験し得ない）とすれば，AIが人間の大半の仕事を代替することはできても，人間の能力を超えることは不可能であると考えられる。裏を返せば，それくらい3歳未満の頭足類身体は，尋常ではない特殊な認知・感情モードを有する。本当の意味での「超」人は，3歳未満の頭足類身体にこそ見出されるのだ。人知を超えた能力は，3歳未満の幼児にあるのである。

註釈

（1）［2頁］E.クレッチマーは，著書『体格と性格』［1921=1968］の中で，スキゾイド（分裂病質者）を，正常レベルの分裂気質と精神病レベルの精神分裂病（統合失調症へと改称）との中間（間），すなわち人格障害レベルに位置付けた。つまり彼は，分裂気質→分裂病質→分裂病（統合失調症）というように，正常から異常へのグラデーションを設けたのである。また，分裂病質は，1994年にアメリカ精神医学会が発行したDMS-Ⅳ-Tr（『精神疾患の分類と診断の手引き』）でも人格障害に分類されている。スキゾイドの特徴は，社会的にも孤立しており，感情の表出が乏しく，他人との接触を避けたり物事に無関心であったりすることにある。以上のことから，本書では，分裂病質が分裂病（統合失調症）とは異なるため，そのまま用語を使用することにした。ただし，誤解を避けるために分裂病質者を「スキゾイド」という用語に統一した。

（2）［9頁］ワロンは幼児が体験する鏡像段階を，幼児の鏡像認知として記述している。本書はラカンの鏡像段階の過程に沿って記述していることから，ワロンの幼児の鏡像認知の過程については，この註釈で取り上げることにした。

　ところでワロンは，幼児の鏡像認知をおよそ5つに分けて記述している［Wallon, 1949=1970：190-208］。

　まず生後3ヶ月の終わりまでは，幼児は鏡に映る鏡像そのものに気付かないが，3ヶ月を過ぎた頃から幼児は鏡に反応し始める。

　次に，4～5ヶ月頃になると，幼児は鏡に映ったもの（鏡像）を視線で捉えるようになるが，まだ興味を示す程度で特別な関心を持つことはない。

　次に，6ヶ月頃になって初めて鏡に映った父親（他者）を見て微笑むが，その父親の話し声が自分の後ろから聞こえるとびっくりして振り向く（他者の鏡像を見ていても，その他者が声をかけるとその声がする方向に振り返る），また，鏡に映っている父親（他者）の像と父親の実在を符合させることができないため，他者の鏡像を鏡の中や背後に探す。

　次に，8ヶ月頃になって初めて，幼児は，鏡の中の自分（自己鏡像）に対し反応を示すようになる。

　最後に，12ヶ月から15ヶ月のあいだに，鏡の使用の練習を行うとともに，自分の鏡像を相手に，または分身として戯れるようになる。この時期になると，幼児は鏡像段階を習得していて，自己の身体と鏡像との対応関係を認識している。

　以上のワロンの記述の通り，幼児にとって他者の鏡像認知ができるのが6ヶ月頃であるのに対し，自己の鏡像認知ができるのは8ヶ月であるというように，幼児が自己

の鏡像認知を行うのは，他者の鏡像認知を行うよりも，2ヶ月程遅くなるのである。また，幼児が他者の鏡像認知を行うことができるのが6ヶ月になってからという知見は，ワロンの言う混淆的な社交性の時期と符合している（幼児が母親以外の見知らぬ人，すなわち他者（日本の民俗的表象からすると，「鬼」）を恐怖の対象として人見知りをするのは，8ヶ月頃であり，そのことをR.スピッツは「8ヶ月不安」と名付けたのである）。

（3）［34頁］かつて教育学者，上田薫は自ら動的相対主義を構築するに際して，アリストテレス以来の形式論理の三律（三原則）に対抗して，オルタナティブな原則を提示した［上田薫，1992］。すなわちそれは，「A（自己）はA（自己）ならず，AはAならざらんとするゆえにAなり，AはAならんとするものの仮象なり」，と。これらのテーゼは，本書でも取り上げた，西田幾多郎の「個物的多即全体的一（多即一，一即多）の絶対矛盾的自己同一，個物の相互限定即一般者の自己限定」（E／A・M）という場所的自己同一の論理を，アメリカ流（J. デューイ）のプラグマティズムの経験論を介して相対化させたものと考えられる。動的相対主義の場合，「絶対矛盾的自己同一」が「仮構の一」に，「個物的多」が「数個」に相対化されることにより，いわゆるメタフィジカルな実在（実体，真理，一なるもの）が否定されている。有限が無限への限りない漸近において初めて真実（実在）と映じるように，上田は無知の知の立場——N. クザーヌスの docta ignorantia（知ある無知）のように——から絶対を否定しながらも，絶対に向けて漸近することのプロセスの真実性を重視したのである。動的相対主義は，従来の教授学の前提となる形式論理的な思考様式を克服することにより，新たな教育学的思考の構築の可能性を開示していると言える。

しかしながら，頭足類身体の原論理（私性の論理学）から見ると，上田の動的相対主義は，論理上のこじつけにすぎない。動的相対主義は，形式論理が生成してくるところの原論理，すなわち非日常私性と未日常私性を捉え損ねている。筆者は動的相対主義が普及していた頃からその論理にきなくささを感じ取っていたが，いまや，私性の論理学によって完全に否定されたと断言することができる。多くの教育学者や教育者がこういうまやかしの論理（教育的論理）に囚われていたことは，慚愧に堪えない。3歳未満の頭足類身体やパルメニデスに通底する西田幾多郎の非日常私性（絶対真の私性）は，正統な論理であるのに対し，所詮，上田の動的相対主義は紛い物にすぎない。

ところで，非日常私性に行き着くことができないことの代案として多くの哲学者や宗教学者が工夫して独自の論理を構築してきた。その一人に宗教学者，八木誠一がいる。八木は，次のテーゼ，すなわち「AはAであって。しかも非Aをうちに宿し（矛盾律の止揚，生成の現実），ゆえにAは単にAでもなく，単に非Aでもなく（排中律

の止揚，相関の現実），Aは単にAのみによってAであり続け得るようなAではない（同一律の止揚，経験的現実）」といった独自の論理を見出した［八木誠一，1980］。これらのテーゼは，近代哲学における他者のアポリアを克服したものであると言える。哲学者にして教育学者のO.F.ボルノーもまた，形式論理に相当する「生や教育の連続形式」に対し「生や教育の非連続形式」という非形式論理を対置し，形式論理的な思考モードを克服しようと試みているが［Bollnow，1959=1966］，八木と同様，頭足類身体の原論理，もしくは私性の論理学には辿り着くことができず，その試みは失敗に終わっていると考えられる。

文献

安斎千鶴子　1986　『子どもの絵はなぜ面白いか——お母さんが子どもを理解するために——』講談社。

東久部良信政　1978　『頭足類の人間学』葦書房。

東久部良信政　1979　「東西論理と頭足類」，『遊　電気＋脳髄』1005号，164-170頁。

Bollnow, O. F.　1959　*Existenzphilosophie und Pädagogik*, Stuttgart.（O. F. ボルノー，峰島旭雄訳『実存哲学と教育学』理想社，1966年。）

Csikszentmihalyi, M.　1975　*Beyond Boredom and Anxiety*, Jossey-Bass.（M. チクセントミハイ，今村浩明訳『楽しみの社会学——倦怠と不安を越えて——』思索社，1979年。）

木村　敏　1982　『時間と自己』中央公論社。

Gorman, W.　1969　*Body Image and the Image of the Brain*.（W. ゴーマン，村山久美子訳『ボディ・イメージ——心の目でみるからだと脳——』誠信書房，1981年。）

Damasio, A.　2005　*Descartes' Error : Emotion, Reason, and the Human Brain*, Penguin Books.（A. ダマシオ，田中三彦訳『デカルトの誤り：情動，理性，人間の脳』筑摩書房，2010年。）

Dreyfus, H. L. & Dreyfus, S. E.　1986　*Mind over Machine : The Power of Human Intuition and Expertise in the Era of the Computer*, Free Press.（H. L. ドレイファス＆S・E ドレイファス，椋田直子訳『純粋人工知能批判——コンピュータは思考を獲得できるか——』アスキー，1997年。）

Feyerabend, Paul K.　1975　*Against Method : Outline of an Anarchistic Theory of Knowledge*, Verso Books.（P. K. ファイヤアーベント，村上陽一郎・渡辺博訳『方法への挑戦——科学的創造と知のアナーキズム——』新曜社，1981年。）

Gehlen, A.　1956　*Anthropologische Forschung*, Rowohlt.（A. ゲーレン，亀井裕訳『人間学の探究』紀伊國屋書店，1970年。）

Grözinger, W.　1961　*Kinder kritzeln Zeichnen Malen*, Prestel-Verlag.（W. グレツィンゲル，鬼丸吉弘訳『なぐり描きの発達過程』［心理学選書⑥］黎明書房，2000年。）

Heidegger, M.　1975　*Grundprobleme der Pänomenologie (Gesamtausgabe Bd. 24)*, V. Klostermann.

市川　浩　1975　『精神としての身体』勁草書房。

笠原嘉・須藤敏浩　1976　「否定妄想について——若い婦人の一例——」，土居健郎，他編『分裂病の精神病理6』東京大学出版会，193-213頁。）

加藤　義信　2015　『アンリ・ワロン　その生涯と発達思想——21世紀のいま「発達の

グランドセオリー」を再考する――』福村出版。

Kellogg, R.　1969　*Analyzing Children's Art*, Girard & Stewart.（R. ケロッグ，深田尚彦訳『児童画の発達過程――なぐり描きからピクチュアへ――』黎明書房，1971年。）

Kretschmer, E.　1977　*Körperbau und Charakter : Untersuchung zum Konstitusionsproblem und zur Lehre von Temperamenten.*, Springer Berlin Heidelberg; auflage : 26（E. クレッチマー，相場均訳『体格と性格――体質の問題および気質の学説によせる研究――』文光堂，1968 年。）

熊倉　徹雄　1983　『鏡の中の自己』海鳴社。

梛澤　厚生　1989　『〈無人〉の誕生』影書房。

Lacan, J.　1966　*Ecrits*.（J. ラカン，宮本忠雄，他訳「＜わたし＞の機能――形成するものとしての鏡像段階――」『エクリ I』所収，弘文堂，1972 年。）

Laing, R. D.　1961　*Self and Others*, Tavistock Publications.（R. D. レイン，阪本健二・志貴春彦・笠原嘉訳『ひき裂かれた自己――分裂病と分裂病質の実存的研究――』みすず書房，1975 年／『引き裂かれた自己――狂気の現象学――』天野衛訳，筑摩書房，2017 年。）

Lang, H.　1973　*Die Sprache und das Unbewußte : Jacques Lacans Grundlegung der Psychoanalyse*, Frankfurt am Main.（H. ラング，石田浩之訳『言語と無意識――ジャック・ラカンの精神分析――』誠信書房，1983 年。）

Merleau-Ponty, M.　1962　*Les Relations avec Autrui chez L'enfant*, ―Gallimard.（M. メルロ＝ポンティ，滝浦静雄訳「幼児の対人関係」，『眼と精神』所収，みすず書房，1966 年。）

皆本　二三江　2017　『「お絵かき」の想像力――子ども心と豊かな世界――』春秋社。

中井　孝章　2004　『頭足類画の深層／描くことの復権』三学出版。

中井　孝章　2017　『防衛機制を解除して解離を語れ』大阪公立大学共同出版会。

中井　孝章　2018　『離人症とファントム空間』［脳・心のサイエンス 2］日教研。

西田幾多郎　1998　『西田哲学選集　第 3 巻』（松丸壽雄編集）燈影舎。

西村　清和　1999　『電脳遊戯の少年少女たち』講談社。

野村　幸正　1989　『知の体得――認知科学への提言――』福村書店。

鬼丸　吉弘　1981　『児童画のロゴス――身体性と視覚――』勁草書房。

パルメニデス　1958　山本　光雄（訳編）『初期ギリシア哲学者断片集』岩波書店。

Polanyi, M.　1966　*The Tacit Dimension*, Routledge & Kegan.（M. ポラニー，佐藤敬三訳『暗黙知の次元――言語から非言語へ――』紀伊國屋書店，1980 年。）

Rilke, R. M.　1904-1910　*Die Aufzeichnungen des Malte*, Laurids Brigge.（R. M. リルケ，

望月市恵訳『マルテの手記』岩波書店，1973年。）
最果　タヒ　2017　清川あさみ・最果タヒ『千年後の百人一首』リトルモア。
Sartre, J.-P.　1943　*L'être et le Néant. Essai d'ontologie phénoménologique*, Gallimard.（J-P. サルトル，松浪信三郎訳『存在と無』人文書院，1956年。）
柴山　雅俊　2007　『解離性障害——「うしろに誰かいる」の精神病理——』筑摩書房。
須藤　訓任　1987　「忘却と想起」，丸山高司・小川侃・野家啓一編『知の理論の現在』世界思想社，204-223頁。
Sullivan, H. S.　1953　*The Interpersonal Theory of Psychiatry*, W. W. Norton.（H. S. サリヴァン，中井久夫，他訳『精神医学は対人関係論である』みすず書房，1990年。）
田嶌　誠一　1992　『イメージ体験の心理学』講談社。
滝沢　武久　1975　『ワロン・ピアジェの発達理論』明治図書。
玉田　勝郎　1989　『子ども認識の分水嶺——ワロンに学び・ワロンを超える——』明治図書。
戸井田道三　1987　『忘れの構造』筑摩書房。
外山滋比古　2009　『忘却の整理学』筑摩書房。
上田　薫　1992　『人間形成の論理』（上田薫著作集2），黎明書房。
台　弘・町山幸輝　1976　「精神分裂病のモデル」，台　弘・井上英二編『分裂病の生物学的研究』東京大学出版会，57-84頁。）
Wallon, H.　1949　*Les Origines du Caractêre chez L'enfant*, Universitaire de France.（H. ワロン，久保田正人訳『児童における性格の起源』明治図書，1965年。）
Wallon, H.　1956　*Impotance du Movement dans le Dévelppement Psychologique de L'enfant*.（E. ワロン，浜田寿美男訳『ワロン／身体・自我・社会——子どものうけとる世界と子どもの働きかける世界——』ミネルヴァ書房，1983年。）
八木　誠一　1980　『自我の虚構と宗教』春秋社。

あとがき

　正直に告白すると，どうやら筆者は「頭足類人間」，すなわち頭足類身体を生きられているらしい。なぜ，そのようなことがわかるのかと言うと，頭足類身体を生きられる者は，自分自身が落下する夢をよく見るからだ。ここで落下するというのは，球体における無限空間の中を無限落下することを意味する。本書を執筆していた最中も，筆者はかなり高いところから落下した夢を見て，飛び起きた。具体的に言うと，気付いたときにはすでに筆者は暴走するバスに乗っていて，そのバスは崖づたいに疾走していたが，突然，崖めがけて落下したのだ。筆者は，こういう類の夢を頻繁に見る。大抵は乗り物ではなく，自分が屋根から落下したり，高いところから落ちたりするのが大半である。東久部良が著書の中で書いているように，頭足類身体が落下するのは，すべての地点が中心となる球体を自己像としているからであるらしい。(頭足類身体とは関連ないが) 類似したことは，M. ボスが『夢と実存』(みすず書房，1947=1992) の中で，夢について上昇と落下という観点から論述している。頭足類身体のことを知るまで，筆者はどうして頻繁に自分自身が落下する夢を見るのか疑問であった。

　ところで，筆者は，所属先の大学のホームページに，【頭足類身体の研究】と称して，次のような「研究マニフェスト」を掲載している。なお本研究は，他者／世界了解の全般にわたる捉え方であり，3歳未満のホモ・デメンスを「生きられる／生きられない」，「理解する／理解しない」で人間および研究者を2つのタイプに分けることができると考えている。

　ワロンの人格論に準じて，〈3歳未満／3歳以上〉を人間発達の大分水嶺として捉え，3歳未満の「頭足類身体＝無人 (no-body)」(＝身体所有感のない幼児) にこそ，動物には見られない人間らしさ (人間の神秘性) が宿っているという事実を知ること (できれば，生きられること) が，いかにありきたりの (＝日常の，凡庸な) 他者／世界了解を根本的に変容させてしまうかについて研究を進めている (拙著『頭足類画の深層』参照)。私にとってこれ以上の，もしくは，これ以外の研究はないと確信している。また，「身体の自己所有化＝個体確立

（3歳）」以後の人間に起こるさまざまな精神疾患（特に否認妄想系）を頭足類身体特有の自他未分化状態への回帰と捉え，人間学的に解明することも不可欠である。ただ，こうした精神疾患でなくても，私たちの誰もが，夢中になって遊んだり，無我夢中に対象への融即・没入をしたり，神秘体験をしたりするなど，すでに頭足類身体を生きられている（そのことを知らないだけだ）。特に，「見る私／見られる私」という，2つの自己に離隔する解離現象のベースに，この頭足類身体が実在していると考えられる（頭足類身体をベースとする解離研究の要請）。

こうした初期の個体発達だけでなく，人類初期の原始思考，原始絵画，原始信仰（アニミズム・トーテミズム・シャマニズム等々）に関心を持つことも必要だ。

頭足類身体の立場に立つ研究，あるいは研究者は，次の通りである。

E. フッサールの現象学，C.L. ドジソン（L. キャロル）の『不思議の国のアリス』，『鏡の国のアリス』，龍樹（ナーガルジュナ）の縁起，山内得立のレンマ，エレア学派のパルメニデス（※アリストテレスの論理学＝西洋論理は凡庸），埴谷雄高『死霊』（自同律の不快），夢野久作『ドグラ・マグラ』，竹内敏晴＆鳥山敏子の「になる」の実践，S. ベケットの『アレフ（箱になった男）』，J.F.I.L. ボルヘスの球体，G. ドゥルーズの「動物になる」，A. アルトーの「器官なき身体」，R.D. レインの統合失調症患者，中世の狂気の画家・H. ボッシュ（ボス）の「失楽園」，西田幾多郎の無限球と絶対矛盾の自己同一，木村敏の精神病理学，J. ラカンの現実界，D. アンジューらの皮膚論研究者，最近では，最果タヒの美しい詩集，C. フォスター『動物になって生きてみた』，アニメ映画〈打ち上げ花火，下から見るか？ 横から見るか？〉の球体世界等々，枚挙にいとまがないほどだ。

少なくとも，ワロンを基準とする「頭足類身体」を知悉するか否かで，あらゆる世界理解の見え方・捉え方の質がまったく異なるということである（そのことを知悉していない研究者は，業績だけを残すために研究するが，知悉した研究者は作品の制作と鑑賞だけを愉しむ）。こうした意味において，ワロンの発達理論は，他者／世界を十全に了解するための転回点なのである。さらに，頭足類身体の研究は，「子ども時代」をトラウマの震源にし，闇（ブラックなもの）へ貶めてきた精神分析や，「大人の自己中心化」によって「子ども＝小さな大人（大人の相似形）」と捉える凡庸な発達心理学者（心理学者）等々から，「子ども」・「子ども期」を取り戻すことを目指している（日々，闘っている）。子ども研究や発達研究，否，十全な世界・他者理解にとって，精神分析や凡庸な発達概念こそ，

ディストラクトすべきものなのである。繰り返し強調しよう。人間が人間らしいのは，3歳未満の頭足類身体だけである，と（3歳以後は，永劫回帰の世界）。

　この「研究マニフェスト」の中でとりわけ注目してほしいのは，「子ども時代」をトラウマの震源にし，闇（ブラックなもの）へと貶めてきた精神分析という件と，「子ども＝小さな大人（相似形）」という「大人の自己中心化」という件である。

　これまで，学問の独自性を確保するために，精神分析や凡庸な発達心理学が流布してきた，「子ども」という概念への先入見や刷り込みは，蛮行に値すると考えられる。本文の中でも援用した秀逸なワロン研究者，加藤義信が指摘するように［加藤義信，2015：105-110］，「子ども＝小さな大人」と，子どもを大人の相似形で捉えることは，ワロンの言う「大人の自己中心化」にすぎない。つまり，子どもから見て完成体（発達の結果）としての大人は，未完成体にすぎない子どもに，（大人にって）都合の良いものだけを投射し，発見（実は，再発見）しようと目論んだり，子ども自身の素朴な行動の背景には何らかの明確な感情や動機・理由があるはずだと詮索・補足したり，さらには，子どもの未熟さを「まだ，知識や知恵が足りない」，「まだ，感情が育ってない」，「まだ，意志が育ってない」等々という具合に，知・情・意のネガティブ使用，または引き算の方式で考えたりする等々。総じて，大人は子どもを発達途上の未熟な者だと規定してしまう。こうした大人の子ども理解には，子どもが大人とは根本的に「異なる存在」だと捉える敬虔さが欠落している。一方，子どもは自らの子ども期や子ども時代をただ生きられるだけであり，自らの存在価値，ましてや生きられる頭足類身体という人間の究極の特性を大人に伝えることができない。しかも大人は大人で，3歳未満の生きられる頭足類身体をすっかり失念しているのだ。そして，大人は1日も早く自立せよと急き立てる。自立が遅れるからという「大人の事情（自己中心化）」だけで1～2歳の乳児からおしゃぶり（ちまめ）を取り上げる親がいるが，笑止千万と言うしかない。でも，それは紛れもない事実であり，不幸な現実なのである。

　「大人の自己中心化」以上に深刻で野蛮なのは，精神分析という20世紀で終焉したはずの学問である。今日になっても，「分裂（スプリッティング）」や「エディプス・コンプレックス」等々，精神分析を信憑する者が少なからずいるが，最

新の脳科学の知見を持ち出さずとも，21世紀の社会において精神分析がアナクロニズムであり，それどころか，新左翼のフランクフルト学派への影響を考えれば，それがイデオロギー以外の何物でもないことは自明のことである。とりわけ，精神分析をベースとする臨床心理学は危うい。認知行動療法もいかがわしいが，精神分析と比べたら科学的で，多少はエビデンスベーストな心理療法と言えるかもしれない。そのことはさておき，精神分析が自らの地位を築くために，子ども時代を真っ黒（ブラック）に染め上げてきた罪はとてつもなく大きい（この裏返しまたは反動が「インナーチャイルド」を唱えるスピリチュアルな心理療法［オカルト］であろう）。

　精神分析は，子どもや子ども時代が大人と比べて白紙状態に近いことを利用して，これらをトラウマの震源にすることで，心理治療を構築した。いま，ここにあるクライエントの心の病いは，過去の子ども時代に起こった家庭の不和や親からの虐待やネグレクトなどに基因しているのだという具合に，「大きな物語」を作話したのだ。この作話は，前述した凡庸な発達心理学（心理学）よりも悪質である。J. ハーマンの記憶回復療法で証明されたように，家族におけるトラウマ物語は，「被害者」も「加害者」もみな，不幸にしてしまうのだ。トラウマで得をするのは，精神分析家をはじめとする，人の不幸を飯の種にする心理療法家たちだけなのである。いまこそ，ワロンらの発達のグランドセオリーを通して，子ども，子ども時代を取り返すことこそ，喫緊の課題となるのである。

　最後に，本書の出版にあたりまして，大阪公立大学共同出版会の理事長の足立泰二先生（大阪府立大学名誉教授／農学博士）をはじめ，編集者の川上直子氏，事務局の児玉倫子氏と辻昌子氏には大変お世話になりました。厚く御礼申し上げます。

【著者略歴】

中井　孝章（なかい　たかあき）

現在，大阪市立大学大学院生活科学研究科教授

学術博士

近著

・『脱感作系セラピー』【脳・心のサイエンス1】，日本教育研究センター，2018年。
・『離人症とファントム空間』【脳・心のサイエンス2】，日本教育研究センター，2018年。
・『防衛機制を解除して解離を語れ』大阪公立大学共同出版会，2017年など。

OMUPの由来
大阪公立大学共同出版会（略称OMUP）は新たな千年紀のスタートとともに大阪南部に位置する5公立大学、すなわち大阪市立大学、大阪府立大学、大阪女子大学、大阪府立看護大学ならびに大阪府立看護大学医療技術短期大学部を構成する教授を中心に設立された学術出版会である。なお府立関係の大学は2005年4月に統合され、本出版会も大阪市立、大阪府立両大学から構成されることになった。また、2006年からは特定非営利活動法人（NPO）として活動している。

Osaka Municipal Universities Press (OMUP) was established in new millennium as an association for academic publications by professors of five municipal universities, namely Osaka City University (OCU), Osaka Prefecture University (OPU), Osaka Women's University, Osaka Prefectural College of Nursing and Osaka Prefectural College of Health Sciences that all located in southern part of Osaka. Above prefectural Universities united into OPU on April in 2005. Therefore OMUP is consisted of two Universities, OCU and OPU. OMUP has been renovated to be a non-profit organization in Japan since 2006.

頭足類身体原論

2018年12月13日　初版第1刷発行

著　者　中井　孝章
発行者　足立　泰二
発行所　大阪公立大学共同出版会（OMUP）
　　　　〒599-8531　大阪府堺市中区学園町1-1
　　　　大阪府立大学内
　　　　TEL　072(251)6533
　　　　FAX　072(254)9539
印刷所　株式会社太洋社

©2018 by Takaaki Nakai. Printed in Japan
ISBN978-4-907209-91-9 C3011